AF561046

Russie et Asie centrale
à la croisée des chemins

Michaël Levystone

Russie et Asie centrale à la croisée des chemins

Des survivances soviétiques à l'épreuve de la mondialisation

Préface de Philippe Comte

5-7, rue de l'Ecole-Polytechnique, 75005 Paris

http://www.editions-harmattan.fr

ISBN : 978-2-343-21783-3
EAN : 9782343217833

À ma mère

AVANT-PROPOS

Le présent ouvrage se veut l'aboutissement d'une aventure intellectuelle, humaine et professionnelle qui débute à Paris en 2010 lorsque, étudiant à l'Institut de relations internationales et stratégiques (IRIS), je prends la décision de consacrer mon mémoire de recherche aux relations bilatérales russo-kazakhstanaises depuis l'indépendance.

En 2014, mon « désir d'Asie centrale et de Russie » me mène à Astana, où mon travail au sein de la Chancellerie diplomatique de l'Ambassade de France au Kazakhstan me permet d'acquérir une précieuse expérience de terrain, tout en participant au sommet présidentiel Nazarbaïev-Hollande à l'Ak Orda en qualité de porte-parole de la délégation française.

En 2015, une nouvelle étape de mon parcours me guide jusqu'à Moscou où, quatre ans durant, je travaille en tant que Chargé de mission à l'Observatoire franco-russe, le centre d'analyse en relations internationales dépendant de la Chambre de commerce et d'industrie franco-russe (CCIFR). Les nombreuses études de marché que j'y rédige en préparation des délégations d'affaires organisées par la CCIFR dans les régions de Russie et les pays d'Asie centrale m'aident à ajouter une corde beaucoup plus *business* à mon arc, cependant que mes articles parus dans les Rapports annuels de l'Observatoire[*] m'invitent à transcender le seul cadre russo-kazakhstanais.

---

[*] « Russie – Turkménistan : la neutralité jusqu'à quand ? » en 2017 ;
« Russie – Ouzbékistan : un partenariat renouvelé » en 2018 ;
« Russie – Kirghizstan : clientélisme ou captivité larvée ? » en 2019.

C'est tout naturellement que j'ai ensuite souhaité me livrer à une analyse beaucoup plus ambitieuse et complète des relations russo-centrasiatiques, abordées ici à travers leur volet bilatéral (la Fédération et les cinq Républiques d'Asie centrale), leur dimension multilatérale (les trois principales organisations régionales du moment, selon moi) et le prisme des questions actuelles (Eurasie vs Monde russe, concurrence et risques internationaux, crise du coronavirus).

Publié en langue française, ce livre a été dans sa quasi-totalité écrit à Moscou à la fin de l'année 2019 à partir d'un grand nombre de sources russophones en ligne (Russie et Asie centrale), puis réactualisé à Paris en 2020. Je trouvais intéressant de partager avec mes compatriotes la vision et les réflexions dont ma situation d'expatrié français en Russie me faisait bénéficier, avec tout ce qu'elle induisait en termes d'imprégnation linguistique et culturelle, mais aussi de voyages, avec leur lot de rencontres. Dans une même perspective, ne me faisant pas davantage l'apôtre d'un savoir solitaire, totalement stérile à mon sens, que d'un savoir docte, j'ai rapidement jugé bon d'alimenter ma réflexion d'avis extérieurs – et parfois contraires. Je souhaiterais ici remercier très chaleureusement les cinq personnes qui m'ont été, à cet égard, d'un apport particulièrement éclairant :

Gilles RÉMY, président-directeur général de CIFAL, m'a accordé un long et passionnant entretien à Paris le 18 septembre 2019. Ce très fin connaisseur de l'économie et des jeux de pouvoir en Asie centrale et en Russie, où il avait démarré ses activités dans le négoce international à l'époque de l'URSS, m'a ouvert de belles perspectives de réflexion.

Philippe COMTE, maître de conférences de langue et civilisation russes à l'Université Paris 1 Panthéon-Sorbonne, m'a encouragé à approfondir nombre de questions abordées dans cet ouvrage. Son expertise inégalable sur la Russie, ses relectures méticuleuses et son amitié m'obligent.

Mon oncle Jean-Yves MOLLIER, professeur émérite d'histoire contemporaine au Centre d'histoire culturelle des sociétés contemporaines à l'Université de Versailles Saint-Quentin-en-Yvelines, m'a fait bénéficier de son expérience d'écrivain et de chercheur pour parfaire mon manuscrit.

Adonice-Ackad BAAKLINI, archéologue indépendant, s'est investi avec brio dans la réalisation d'une carte que je voulais aussi précise, détaillée, claire et agréable que possible, tout en évitant l'écueil, bien réel au regard de la région considérée, de la surcharge visuelle.

Enfin, Jérôme PACE est celui sans qui rien de tout ceci n'aurait été possible : c'est bien lui qui, le 13 mars 2020, autorisait la publication de mon manuscrit par les éditions L'Harmattan ! Depuis lors, nos très nombreux échanges autour de mon travail, tout autant que sa connaissance intime de la langue française, n'ont eu de cesse de valoriser les lignes qui vont suivre. Je ne me féliciterai jamais assez d'avoir fait la rencontre d'un conseiller aussi stimulant.

Russie et Asie centrale à la croisée des chemins. Des survivances soviétiques à l'épreuve de la mondialisation était en germe depuis des années, mais c'est durant l'été 2019 que l'envie et le besoin de le concrétiser se sont fait jour dans mon esprit. Il s'agissait pour moi de saluer du mieux que je pouvais la mémoire de celle envers laquelle je ne cesserai jamais de me sentir tellement redevable en toutes choses, et à qui ce livre est dédié avec un amour et une déférence indicibles et éternels.

Michaël Levystone,
Paris, le 1er septembre 2020.

PRÉFACE

Voici un petit livre qui tombe à point nommé pour rappeler à ses lecteurs, français au premier chef, qu'il existe, à mi-chemin entre Paris (ou Berlin) et Pékin (ou Tokyo), entre ces deux grands pôles de civilisation et de culture que sont l'Europe et l'Asie, un vaste ensemble de cinq États, qui compte en 2019 un peu plus de 73 millions d'habitants : l'Asie centrale, autrement dit l'Asie du milieu.

Dans son *Russie et Asie centrale à la croisée des chemins*, avant de se consacrer à son sujet, Michaël Levystone nous invite à nous arrêter un instant sur le nom et sur l'origine. L'Asie centrale, c'est d'abord l'*Asie* :

- quatre pays turcophones, altaïques – le Kazakhstan, le Kirghizstan, l'Ouzbékistan, le Turkménistan, appartenant à un vaste groupe de langues appelé turco-mongol, dont les locuteurs sont massivement installés dans une bande qui court horizontalement du détroit du Bosphore au cœur des steppes de Mongolie ;
- un pays persanophone – le Tadjikistan.

C'est ensuite une Asie *centrale*, soit le milieu de l'Asie, à mi-chemin entre Istanbul et Tokyo, mais aussi entre Saint-Pétersbourg et Bombay.

Ensemble continental, donc isolé (l'auteur insiste sur ce point), il est bordé par trois États-puissances : à l'est la Chine, qui a une frontière commune avec trois États sur cinq – le Kazakhstan, le Kirghizstan et le Tadjikistan. Au sud-ouest l'Iran, qui a une frontière commune avec le seul Turkménistan, et au nord la Russie, qui n'a une frontière commune qu'avec le Kazakhstan.

L'auteur a judicieusement choisi son titre : l'Asie centrale est bien « la croisée des chemins ». Pendant des siècles, jusqu'au XVIe siècle, elle sera traversée par les « Routes de la Soie », dont les ramifications la sillonneront d'est en ouest. Mettant ses pas sur l'antique voie commerciale, c'est à Astana, capitale du Kazakhstan (rebaptisée Nour-Soultan), que la Chine a lancé en 2013 ses « Nouvelles Routes de la Soie », grand projet commercial aux évidentes dimensions expansionnistes. La Chine d'aujourd'hui n'a pas non plus oublié qu'il fut un temps (durant plusieurs siècles), où elle avait établi son protectorat sur la partie sud-est de l'Asie centrale.

« Terre du milieu », l'Asie centrale n'a jamais vu émerger de grands États à vocation de puissance régionale. Elle a été au contraire « disputée » par ses grands voisins. Les Grecs y feront une incursion fulgurante, emmenés par Alexandre le Conquérant. Puis son flanc sud-est subira longtemps l'influence de l'Empire perse. Sur les plans spirituel et culturel, elle sera ensuite irriguée par le bouddhisme, puis islamisée à partir de la moitié du VIIIe siècle, dans la foulée de la victoire des troupes du califat de Bagdad en 751 à Talas (Kirghizstan). Gengis Khan, fondateur de l'Empire mongol, la soumit en 1220. Tamerlan installa la capitale de son éphémère empire à Samarcande en 1370.

Les Russes ne commencèrent à y prendre pied qu'au cours du XVIIIe siècle : ils n'achevèrent de soumettre la région qu'en 1890. Il n'empêche que c'est le régime issu de la révolution de 1917 qui donna leurs noms et leurs frontières actuels aux cinq États d'Asie centrale, en plusieurs étapes, de 1924 à 1936. Au passage, dans le cadre de la collectivisation générale des terres du début des années 1930, il détruisit de fond en comble le mode de vie des bergers nomades de la steppe, causant la mort – de faim et de maladies – de plus d'un tiers de la population kazakhe, soit 1,3 million de personnes. À partir des années 1950, Moscou forma les élites locales, tant et si bien qu'en 1991, elles n'eurent plus qu'à actionner un article oublié de la Constitution de l'Union soviétique (l'article 4), inscrit dès sa création en 1922, qui autorisait les quinze républiques fédératives à la quitter…

Après ce bref rappel historique, qu'il dissémine habilement dans son texte, l'auteur place son sujet – la Russie et l'Asie centrale –, sous le signe de la diversité originelle de la région, dont il rappelle les éléments. Un État qui concentre à lui seul près de la moitié de la population totale de la zone (33,6 millions d'habitants), l'Ouzbékistan. Un géant territorial peuplé par 18,2 millions d'habitants, le Kazakhstan. Un pays de la taille de l'Espagne mais huit fois moins peuplé (5,8 millions d'habitants), le Turkménistan. Enfin, deux petits États dont la population va de 6,5 à 9,3 millions d'habitants, le Kirghizstan et le Tadjikistan. Le plus riche n'est pas le plus peuplé ; le Kazakhstan totalise les deux tiers du PIB de l'Asie centrale, ainsi que les deux tiers de sa superficie totale. L'Ouzbékistan compte notamment d'importantes ressources agricoles (coton, agrumes), alors que le Turkménistan est assis sur les quatrièmes réserves de gaz du monde. Un géant territorial plat, étendu sur la steppe – le Kazakhstan, des espaces essentiellement désertiques – l'Ouzbékistan et le Turkménistan, et des « confettis » hérissés de sommets vertigineux – le Tadjikistan et le Kirghizstan.

Colonisée par les Russes de manière intensive et systématique entre 1740 et 1890, puis tout au long du XXe siècle soviétique, la région regarde aujourd'hui ces siècles de colonisation russe avec les yeux de sa position géographique par rapport à son grand voisin du nord, mais aussi par rapport à son turbulent voisin du sud, l'Afghanistan. L'Ouzbékistan, longtemps rétif vis-à-vis de son ex-suzerain, s'adoucit sous la férule de son nouveau président, depuis 2016, Chavkat Mirzioïev. Le Kazakhstan est pragmatique, n'oublie pas que sa frontière est bien longue avec la Russie, et qu'il abrite la plus forte colonie de Russes en Asie centrale, 3,8 millions d'individus recensés en 2009, concentrés dans le nord du pays, dans les cités industrielles. Chaque État tient compte de son potentiel, de ses atouts et de ses faiblesses, et pilote à vue ses relations avec la Russie, d'autant plus qu'il est bien obligé d'intégrer la volonté clairement affirmée depuis le discours prononcé par Vladimir Poutine à l'occasion de la quarante-troisième Conférence de Munich sur la sécurité le 10 février 2007 de maintenir la région dans son orbite et d'y jouer un rôle majeur, de puissance dominante. En effet, la Russie tente avec plus ou moins de succès de « capitaliser » sur son héritage colonial, à l'instar de ce que font les autres ex-empires : par exemple la France au Maghreb, en Afrique subsaharienne, au Moyen-Orient. Les Russes n'ont pas tort de rappeler quelquefois aux Ouzbeks que c'est toute l'Union soviétique qui a reconstruit leur capitale, Tachkent, presque entièrement détruite par un tremblement de terre en 1966 ; aux Kirghizes, ils rappellent qu'un de leurs écrivains, Tchinguiz Aïtmatov, a écrit toute son œuvre en russe, notamment deux superbes nouvelles, *Djamilia* et *Le Premier maître*, dont Andreï Kontchalovski tira un film en 1965. La Russie a pris acte de la diminution du nombre de ses « compatriotes » dans la région : près de 3,5 millions de Russes ont quitté l'Asie centrale entre 1989 et l'an 2000 et se sont installés en Russie, soit un gros tiers. Mais 6 millions sont restés, donc près des deux tiers... Notons incidemment que c'est tout à l'honneur de ces nouveaux États-nations d'Asie centrale de ne pas s'être laissé aller à de violentes campagnes d'épuration ethnique « anti-slave », comme l'ont fait les Tchétchènes à l'automne 1991. Question de culture et de valeurs traditionnelles ?

La Russie, pour sa part, s'adapte à la diversité de ses anciens vassaux. C'est avec le Kazakhstan, dont près d'un quart de la population est russe, que ses relations sont les plus larges et diversifiées. Les échanges bilatéraux atteignent presque 20 milliards de dollars en 2019, ce qui place Moscou en tête des partenaires commerciaux de Nour-Soultan. Les Russes investissent dans les industries minières et les hydrocarbures du Kazakhstan, équipent son armée, exploitent le site de Baïkonour. Durant son long règne de trente ans, le président Nazarbaïev, ancien premier secrétaire du Parti communiste de l'Union soviétique (PCUS) au Kazakhstan et membre du Bureau politique, qui démissionna en 2019, a su faire de son pays un médiateur international et de sa nouvelle capitale une plateforme de négociations aussi bien sur la guerre en Syrie, que sur la guerre dans l'est de l'Ukraine et sur le nucléaire iranien. Il s'est également employé à faire comprendre à son ancien suzerain qu'il ne plaisanterait pas sur la question de l'indépendance nationale : d'ici à 2025, la langue kazakhe, qui s'écrit aujourd'hui en cyrillique, devra s'écrire dans l'alphabet latin. L'annexion russe de la Crimée n'a pas laissé de l'inquiéter. Son successeur, Tokaïev, devra redoubler de vigilance. En effet, le président russe a fait tout récemment une déclaration publique qui ouvre la voie à de nouvelles annexions par la force, cette fois de territoires kazakhstanais : à son avis, lorsque les républiques ont quitté l'Union soviétique en 1991, elles sont parties avec des « cadeaux » territoriaux du peuple russe, qui n'étaient pas dans leur escarcelle quand elles ont adhéré à l'Union soixante-dix ans auparavant...

Avec le Kirghizstan et le Tadjikistan, les choses sont plus simples : la Russie reste comme le « grand frère » protecteur, se posant en rempart militaire face à l'islamisme extrémiste qui frappe à leur porte, respectivement depuis le Xinjiang musulman chinois et l'Afghanistan. Elle équipe les armées kirghizstanaise et tadjikistanaise, forme leurs officiers dans ses écoles, dispose de bases militaires à Kant et à Douchanbé, exploite ici et là des mines d'or et d'argent, produit de l'aluminium, projette de grands barrages. Surtout, elle donne du travail à de très nombreux Kirghizes et Tadjiks : respectivement 713 000 et 1,255 million de travailleurs immigrés en Russie envoient au pays des sommes considérables, jusqu'à un tiers du PIB.

L'Ouzbékistan et le Turkménistan pourraient être qualifiés de « rebelles coopératifs ». Le premier pays reste méfiant et se tient à l'écart des organisations régionales pilotées par la Russie, mais 1 million d'Ouzbeks travaillent en Russie et celle-ci est presque son premier partenaire commercial, lui achetant ses denrées agricoles, ses textiles et son gaz. D'ici à 2028, la Russie aura construit près du lac d'Aïdarkoul la première centrale nucléaire de l'ère postsoviétique, un chantier dont le coût est estimé à 13 milliards de dollars. Quant au Turkménistan, les choses sont assez claires : il vend une partie de son gaz à la Russie et celle-ci l'arme et se propose pour monter la garde sur les 744 kilomètres de sa frontière commune avec l'Afghanistan. Décidément, diront les mauvaises langues, que voilà un voisin islamique bien commode : de là à penser que l'on fait en sorte au Kremlin que la menace soit pérenne… Il n'y a qu'un pas que l'auteur se garde bien de franchir.

Dans un deuxième chapitre, Michaël Levystone dresse la liste des organisations régionales créées par la Russie pour lui permettre d'asseoir et de renforcer son influence en Asie centrale. Il s'agit en quelque sorte des vecteurs du nouveau « soft empire » russe.

L'Organisation du Traité de sécurité collective (OTSC) regroupe la Russie, le Kazakhstan, le Kirghizstan et le Tadjikistan dans un système de défense aérienne unifiée : ces trois derniers pays sont sous parapluie russe.

L'Organisation de coopération de Shanghai (OCS) a été créée en 2001 par la Russie, la Chine et quatre pays d'Asie centrale – le Kazakhstan, le Kirghizstan, l'Ouzbékistan et le Tadjikistan. Ils sont rejoints par l'Inde et le Pakistan en 2017, l'Iran étant observateur depuis 2005. Destinée à l'origine à combattre l'extrémisme religieux, le séparatisme ethnique et le terrorisme, elle traite aussi de projets économiques communs. Elle porte en ce moment un grand projet de construction d'une liaison ferroviaire Kachgar – Erkech-Tam – Och – Andijan, estimé à 6,5 milliards de dollars.

L'Union économique eurasiatique (UEEA) voit le jour en 2014 sous les auspices de la Russie, du Kazakhstan et de la Biélorussie. L'Arménie et le Kirghizstan y adhèrent en 2015. Elle pâtit de la faiblesse des IDE russes dans la région et des dissensions entre États d'Asie centrale et entre le Kazakhstan et la Russie.

Un troisième et dernier chapitre replace la région dans le monde et développe avec bonheur son insertion récente dans la globalisation, les interactions qu'elle a tissées avec les puissances voisines – Russie, Turquie, Iran, Chine – et plus lointaines – États-Unis d'Amérique et Union européenne. La Turquie cherche à se poser en « nouveau grand frère », se rapproche des États turcophones avec deux grands axes de pénétration : confessionnel (la construction de mosquées) et éducatif (les bourses d'études dans les universités turques). L'Iran, acteur de moindre importance en Asie centrale, mise sur le Tadjikistan persanophone et les communautés persanophones d'Ouzbékistan. La Chine s'impose comme le nouvel acteur majeur en Asie centrale, dont elle est le premier partenaire commercial avec 30 milliards de dollars d'échanges, et avec un volet militaire de plus en plus visible, singulièrement au Tadjikistan en surplomb du corridor afghan de Wakhan, et au Kirghizstan. À tel point que l'auteur parle d'une co-gestion Russie-Chine de fait de l'Asie centrale. Quant aux États-Unis et à l'Union européenne, leur présence dans la région est qualifiée de « sporadique ». Tout est dit.

L'avenir de l'Asie centrale se devine donc en pointillé dans les tracés des Nouvelles Routes de la Soie lancées par la Chine, qui rendront, cinq siècles plus tard, à ce centre géographique de l'Asie, le rôle qui était le sien au Moyen Âge : celui de maillon passeur entre l'Europe et l'Asie, grâce au train à très grande vitesse, nouveau chameau d'aujourd'hui et de demain. La Russie sauve l'honneur : l'une de ses branches traverse son territoire.

C'est la conclusion de ce petit livre bienvenu, qui dresse un bilan complet et objectif des relations géopolitiques, économiques et commerciales entre la Russie et l'Asie centrale. On attend un second volume consacré cette fois au volet culturel…

Philippe Comte,
Maître de conférences de langue et civilisation russes
à l'Université Paris 1 Panthéon-Sorbonne.

RUSSIE
KAZAKHSTAN
OUZBÉKISTAN
TURKMÉNISTAN
KARAKALPAKSTAN
TADJIKISTAN
KIRGHIZSTAN
AFGHANISTAN
PAKISTAN
IRAN
AZERBAÏDJAN
MONGOLIE
CHINE
XINJIANG
HAUT-BADAKHCHAN
Mer Caspienne
Golfe de Kara-Bogaz
Mer d'Aral
Lac Balkhach
Lac Sarykamych
Lac Aïdarkoul
Lac Issyk-Koul
Lac Karakoul
Don
Volga
Oural
Ob
Irtych
Ichim
Syr-Daria
Tchou
Amou-Daria
Volgograd
Oural
Orenbourg
Tcheliabinsk
Kostanaï
Petropavl
Omsk
Aktioubé
Olia
Atyraou
Makhatchkala
Aktaou
Nour-Soultan
Pavlodar
Karaganda
Semeï
Öskemen
Baïkonour
Bakou
Turkmenbachy
Balkanabad
Noukous
Khiva
Sary-Chagan
Turkestan
Tchimkent
Tchaldovar
Almaty
Bichkek
Kant
Khorgos
Urumqi
Achkhabad
Téhéran
Boukhara
Samarcande
Tachkent
Maïlouou-Souou
Karakol
Turkmenabad
Andijan
Och
Mary
Karchi
Aïni
Douchanbé
Norak
Kourgan-Tioubé
Kachgar
Capitale
Ville
Base militaire russe
Site stratégique exploité par la Russie
Foyer de tension :
(1) Vallée de Fergana
(2) Enclave de Vouroukh
(3) Corridor de Wakhan
0 100 200 300 400 500 km
Conception : Michaël LEVYSTONE
Réalisation : Adonice-Ackad BAAKLINI

INTRODUCTION

Terre de contrastes, kyrielle d'enjeux

« Si cela va sans dire, cela ira encore mieux en le disant. »
(Charles-Maurice de Talleyrand-Périgord)

1. L'Asie centrale, un « concept à géographie variable »[1]

Au cours de l'Histoire, la notion d'Asie centrale a fait l'objet de définitions plus ou moins extensives. La « Transoxiane » des Romains et des Macédoniens, le « Mawarah-al-Nahr » des Arabes et le « Farārūd » des Perses désignaient des contrées allant « au-delà de l'Oxus » (le fleuve Amou-Daria) et correspondant à une grande partie de l'Ouzbékistan et du sud-est du Kazakhstan actuels. Particulièrement utilisé aux XVIIIe et XIXe siècles, le vocable de « Turkestan » (« pays des peuples turcs »), visait, au prix d'une conception ethnolinguistique, un espace qui s'étire depuis l'Anatolie jusqu'au Xinjiang, avec pour inconvénient majeur d'exclure les Tadjiks, peuple iranophone lié aux autres nations centrasiatiques par une histoire coloniale commune.

Aussi, au sens où nous l'entendons ici, l'« Asie centrale » désigne la sous-région du continent asiatique qui, géographiquement, s'étend depuis la mer Caspienne jusqu'aux monts

[1] Pierre BIARNÈS, *La Route de la Soie. Une histoire géopolitique*, Ellipses, Paris, 2009, p. 23.

Tian Chan, et du sud de l'Oural au nord de l'Iran et de l'Afghanistan. Historiquement, cet espace fut colonisé par la Russie, d'abord tsariste puis soviétique[2]. Administrativement, il se compose de cinq États : le Kazakhstan (capitale Nour-Soultan[3]), le Kirghizstan (Bichkek), l'Ouzbékistan (Tachkent), le Tadjikistan (Douchanbé) et le Turkménistan (Achkhabad).

2. L'Asie des « quatre i »

L'Asie centrale se caractérise par plusieurs critères cumulatifs :

- un *isolement* de toute influence océanique[4], qui a pu justifier l'emploi du vocable d'« Asie intérieure » ;
- l'*immensité* de son territoire : près de 4 millions de km², soit une superficie supérieure à celle de l'Inde, rendant d'autant plus paradoxal l'enclavement[5] précédemment mentionné ;
- l'*islam*, héritage de la victoire du califat abbasside sur la dynastie Tang lors de la bataille de Talas en 751, qui fit basculer la région de la sphère d'influence bouddhiste au monde musulman[6]. Aujourd'hui, plus de huit Centra-

---

[2] Cf. *infra* : « Rappel historique : la conquête russe de l'Asie centrale, une volonté plus forte que les Steppes », pp. 27-28.

[3] En réalité, la capitale du Kazakhstan indépendant fut, dans un premier temps, la ville d'Almaty. En 1997, c'est Akmola qui prend le relais, avant d'être renommée « Astana » (« Capitale », en langue kazakhe) un an plus tard. En mars 2019, elle est rebaptisée « Nour-Soultan », en l'honneur du premier président de la République, Noursoultan Nazarbaïev.

[4] Les deux mers d'Asie centrale, la mer Caspienne et la mer d'Aral, sont des mers fermées.

[5] C'est encore plus vrai de l'Ouzbékistan, État doublement enclavé en ce sens que le territoire de deux autres États le sépare d'un littoral ouvert. Julien THOREZ (dir.), *Asie centrale. Des indépendances à la mondialisation*, Ellipses, Paris, 2015, p. 8.

[6] Cet événement marque la fin de l'expansion chinoise vers l'ouest. https://www.novastan.org/fr/kirghizstan/lasie-centrale-coeur-historique-du-monde-musulman/

siatiques sur dix sont adeptes de l'islam – en majorité sunnite de rite hanéfite, même si des communautés chiites se sont formées au Tadjikistan, ainsi qu'à Samarcande et à Boukhara ;

- les *inégalités*, enfin. Nous sommes ici en présence d'une Asie plurielle, multiple, hétéroclite. Comment, en effet, ne pas acter des criantes différences opposant le Kirghizstan et le Tadjikistan, pays principalement montagneux dotés d'un sol et d'un sous-sol modestes, au Kazakhstan, flanqué d'un fronton steppique et à lui seul dépositaire des deux tiers de la superficie et du PIB centrasiatiques ? Comment ne pas voir qu'à eux trois, ces États contrebalancent péniblement le poids démographique de l'Ouzbékistan, où vit la moitié des femmes et des hommes peuplant l'Asie centrale actuelle ? Comment ne pas admettre que les prédispositions agricoles de ce dernier seraient tout simplement chimériques au Turkménistan, pays à 80 % désertique et dont la stratégie de développement économique repose avant tout sur la mise en valeur de son formidable patrimoine gazier (quatrièmes réserves mondiales de la ressource) ?

Évoquer l'Asie centrale, c'est, résolument, penser non pas *une* Asie centrale, mais *des* Asies centrales.

3. Rappel historique : la conquête russe de l'Asie centrale, une volonté plus forte que les Steppes

Lorsque les premiers Cosaques s'enfoncent en Asie centrale au début du XVIIIe siècle, ils s'aventurent dans un espace soumis de longue date aux plus illustres conquérants, d'Alexandre le Grand, qui fait main basse sur les satrapies de Bactriane[7] et de Sogdiane[8] entre -329 et -327, à Gengis Khan,

[7] Région située à cheval sur l'Afghanistan, le Tadjikistan et l'Ouzbékistan.

qui prend Boukhara et Samarcande en 1220, sans oublier Tamerlan, qui fonde en 1370 l'Empire timouride à Samarcande. La mort de « Timour le Boiteux »[9] en 1405 ouvre une période de dissensions internes, ses successeurs réorganisant son héritage en plusieurs *khanats*[10] : Boukhara (le principal), Khiva, puis Kokand. Outre ces luttes intestines, l'effondrement de l'Empire timouride, acté en 1507[11], a des causes extérieures.

En effet, la chute de Constantinople en 1453 avait incité les monarchies européennes à explorer des voies de communication alternatives avec la Chine, dont elles voulaient continuer d'acquérir les marchandises – thé, opium, monnaies, et surtout soieries – à moindres coûts et risques. Les découvertes résultant des navigations transocéaniques portugaises, espagnoles et italiennes conduisent au recentrage progressif du commerce international vers le Nouveau Monde ainsi qu'à l'accroissement des échanges maritimes. « Faisceau de voies caravanières, ponctuées de villes-étapes [Kokand, Tachkent, Samarcande, Boukhara, Khiva] »[12] assurant la liaison entre l'Orient chinois et l'Occident méditerranéen depuis des siècles, les mythiques « Routes de la Soie »[13] ont vécu. Symboliquement, « la caravelle a vaincu le chameau »[14]. Marginalisée économiquement, la région doit encore faire face à la montée en puissance de deux civilisations voisines : au sud, la dynastie safavide, qui établit son autorité sur la Perse en 1501 ; au nord, la Russie, qui,

---

[8] Région localisée en Ouzbékistan.

[9] Tel est le sens de Tamerlan (« Timour Leng », en langue turco-mongole).

[10] Principautés turco-mongoles.

[11] Paradoxalement, cette période correspond également à un authentique âge d'or, sur les plans culturel et artistique, de la civilisation timouride, à tel point que l'on a pu parler de « Renaissance timouride » pour la désigner.

[12] Pierre BIARNÈS, *Ibid.*, p. 14.

[13] Expression inventée par le géographe allemand Ferdinand von Richthofen (1833-1905).

[14] Jacques PIRENNE, *Les grands courants de l'histoire universelle. Tome II : De l'expansion musulmane aux traités de Westphalie,* Éditions de la Baconnière, Neuchâtel, 1946, 648 p.

affranchie du « Joug tataro-mongol » depuis 1480, peut enfin se consacrer à la conquête de son Grand Est.

Une fois son unité territoriale pleinement réalisée (à la fin du XVIIe siècle), la Russie tourne ses regards vers les contrées centrasiatiques, point de passage obligé en vue d'atteindre les mers chaudes du sous-continent indien[15]. Les Russes organisent leur progression en Asie centrale à partir du sud de l'Oural. Ainsi, en 1735, un centre de commandement voit le jour à Orenbourg[16] dont dépend, étiré sur plus de trois mille kilomètres, depuis la mer Caspienne jusqu'aux monts de l'Altaï, un chapelet de places fortes ceinturant par le nord les imposantes Steppes kazakhes : Tobolsk, Tomsk, Omsk, Semipalatinsk, Oust-Kamenogorsk.

Inquiètes des risques d'invasions djoungares et chinoises, les hordes kazakhes font allégeance à Saint-Pétersbourg, en échange de sa protection militaire[17]. Cela marque le point de départ de l'expansion russe dans le domaine kazakh. Cette étape, la plus complexe de la colonisation de l'Asie centrale, s'achève en 1850. Les Russes établissent alors une ligne de front sur le Syr-Daria, pour entamer la deuxième phase de leur conquête : celle de la Transoxiane. Entre 1853 et 1873, ils soumettent les trois *khanats* ouzbeks, avec pour point d'orgue la prise de Boukhara en 1865. Ils se lancent ensuite à la conquête de l'espace turkmène (victoires à Gökdepe en 1881 et à Merv en 1884) et des territoires montagneux kirghizes et tadjiks. À la fin des années 1880, la Russie domine l'ensemble de l'Asie centrale.

L'administration tsariste divise la région en deux entités distinctes : au nord, elle crée un « Gouvernorat général des

[15] C'est mue d'une logique analogue d'accès aux mers chaudes – obsession stratégique de la Russie depuis le règne de Pierre le Grand (1682-1725) – que, en 1774, Catherine II enlève à la Sublime Porte le *khanat* de Crimée en mer Noire (Traité de Koutchouk-Kaïnardji).

[16] « Ligne d'Orenbourg ».

[17] La Petite Horde prête allégeance en 1731, la Moyenne Horde en 1740, la Grande Horde en 1742.

Steppes »[18] (*oukase* du 18 mai 1882) ; au sud, elle institue un « Gouvernorat général du Turkestan »[19] (*oukase* du 11 juillet 1867), qui devient par la suite le « Territoire du Turkestan »[20] (loi adoptée le 2 juin 1886). Après la Révolution bolchevique de 1917, la Russie et toutes les entités territoriales qui en dépendent forment officiellement, à partir de décembre 1922, l'Union des Républiques socialistes soviétiques (URSS). En 1924, Moscou, sur proposition du Commissaire du peuple aux Nationalités, Joseph Staline, réorganise l'administration de l'Asie centrale, où sont créées les Républiques d'Ouzbékistan et du Turkménistan. Découplée de l'Ouzbékistan, la Région autonome du Tadjikistan accède au statut de République en 1929. En 1936, deux nouvelles Républiques apparaissent dans la région : le Kazakhstan et le Kirghizstan.

Les appellations de ces Républiques et les frontières qui les départagent restent figées jusqu'à l'année 1991, qui sonne le glas de l'aventure soviétique et donne naissance à cinq États indépendants en Asie centrale : le Kirghizstan (31 août), l'Ouzbékistan (1er septembre), le Tadjikistan (9 septembre), le Turkménistan (27 octobre), enfin le Kazakhstan (16 décembre).

---

[18] *Stepnoïe gueneral-goubernatorstvo*, également connu sous le nom de *Stepnoï kraï* (« Territoire des Steppes »), avec la ville d'Omsk pour centre administratif.

[19] *Tourkestanskoïe gueneral-goubernatorstvo*, dont le centre administratif est Tachkent.

[20] *Tourkestanski kraï*.

4. La désoviétisation de l'Asie centrale, une réalité à maints égards contrariante pour la Russie

Cette vague d'indépendances produit deux séries de conséquences très concrètes pour la Fédération de Russie en Asie centrale.

D'une part, elle y fait face à cinq interlocuteurs qui lui sont juridiquement égaux, libres de conduire des politiques économiques et diplomatiques propres, au service de ce qu'ils estiment relever de leurs intérêts nationaux légitimes. Ce changement de paradigme se concrétise par les incidences à la fois terrestres[21] et maritimes[22] de l'internationalisation des frontières centrasiatiques.

D'autre part, les États d'Asie centrale se trouvent pris dans la vague de la mondialisation, processus d'intégration des marchés par la libéralisation des échanges et des mouvements – d'hommes, marchandises, capitaux, services et savoir-faire – à l'œuvre depuis la fin du XXe siècle. Ce phénomène accroît la concurrence économique, mais aussi stratégique et culturelle au sein de la région, de même que les risques que celle-ci fait peser sur la sécurité de la Russie.

Face à l'érosion de son autorité et de ses positions, et après une atonie de près de dix ans, Moscou organise, à partir de 2000, sous l'impulsion de Vladimir Poutine, son « retour » en Asie centrale, où elle se fixe ouvertement pour objectif de rétablir sa position hégémonique d'avant la désagrégation de l'URSS. Elle échafaude et domine des organisations régionales à vocation politique, militaire et économique plus ou moins

---

[21] « Le plus important dans la chute de l'Union soviétique réside dans le fait qu'en l'espace d'une nuit, vingt-cinq millions de Russes ethniques se sont retrouvés à l'étranger », résumait Vladimir Poutine dans *The Putin Interviews*, film documentaire que lui a consacré le cinéaste américain Oliver Stone, diffusé en 2017.

[22] La Russie doit composer avec un voisinage accru en mer Caspienne, où les revendications du Kazakhstan et du Turkménistan (en plus de celles de l'Azerbaïdjan) viennent s'ajouter à celles, habituelles, de l'Iran.

inspirées de l'Union européenne (UE) et de l'Organisation du Traité de l'Atlantique Nord (OTAN). Par ailleurs, elle assure de son soutien indéfectible les régimes locaux face aux critiques occidentales de leurs atteintes régulières au pluralisme politique et aux droits de l'homme. Pour avoir été formés dans le même moule soviétique – les grandes écoles puis les plus hautes instances du pouvoir central à Moscou et dans les capitales des républiques –, les membres actuels des élites politiques et administratives russes et centrasiatiques procèdent d'une matrice académique, intellectuelle et linguistique commune.

Mais ces canaux préférentiels de communication et d'échanges, ces « survivances » de l'ancienne époque, font-ils toujours sens au regard des dynamiques d'affirmation nationale (bien souvent, au détriment des Russes vivant sur place) et de multiplication des partenariats internationaux initiées par les pays d'Asie centrale ? La récente démission de la présidence kazakhstanaise de Noursoultan Nazarbaïev, dernier *apparatchik* au pouvoir en Asie centrale depuis la chute de l'URSS, la montée des nationalismes locaux, le statut de la langue de Pouchkine, de plus en plus concurrencée dans la région par celle de Shakespeare, ou encore le rôle dévolu à la Russie dans les discours publics – l'annexion de la Crimée ayant avivé les inquiétudes des dirigeants centrasiatiques envers l'ancienne puissance coloniale[23] –, ne doivent-ils pas conduire à relativiser la vigueur des liens d'hier ?

---

[23] Des inquiétudes pour le moins fondées, à en juger par les déclarations du président russe lors d'un entretien accordé à la chaîne de télévision Rossia-1 dans le cadre de son émission *Moskva. Kreml. Poutine* (« Moscou. Le Kremlin. Poutine »), diffusée le 21 juin 2020. Le chef de l'État rappelle à cette occasion que les découpages territoriaux effectués par l'Union soviétique ont fait bénéficier à de nombreuses républiques de « terres […] traditionnellement et historiquement russes », avant d'insister sur le fait que ces « cadeaux du peuple russe » ne lui ont pas été restitués après 1991. https://www.svoboda.org/a/30682965.html

CHAPITRE I

Les relations bilatérales russo-centrasiatiques

« En somme, rien n'était perdu. La vie était faite de hauts et de bas. Les impressions étaient passagères. Il s'agissait seulement d'effacer la mauvaise impression, de la remplacer par une bonne, de reconquérir son estime. »

(Albert Cohen, *Belle du Seigneur*)

La Fédération de Russie entretient avec les Républiques d'Asie centrale des relations pour le moins différenciées. Celles-ci sont fonction du poids économique de chaque pays, des défis auxquels ils sont confrontés sur le plan stratégique, et de la solidité de leurs régimes politiques. Ce qu'il est d'ores et déjà intéressant de noter, c'est que les relations bilatérales russo-centrasiatiques subissent toutes l'épreuve du changement. Partenariat majeur dans la région, la relation russo-kazakhstanaise est depuis plusieurs mois sujette à des tensions inédites. Le Kirghizstan et le Tadjikistan se voient maintenir dans une forte subordination militaire et économique par la Russie, qui s'emploie à redresser une politique d'investissement parfois assez erratique dans ces marchés. Enfin, avec l'Ouzbékistan et le Turkménistan, les deux enfants terribles de la région, l'objectif de sortir de l'ornière ne semble plus forcément hors de portée de Moscou.

1. Kazakhstan : l'allié stratégique

Deuxième État le plus vaste de l'espace postsoviétique (2 717 300 km²), le Kazakhstan représente un partenaire majeur aux yeux de la Russie, dont il est le seul voisin terrestre en Asie centrale – une frontière de 6 846 km sépare les deux pays. Héritage de la période soviétique, la concentration au nord d'une forte communauté russe (dans les villes d'Öskemen, Pavlodar, Petropavl, Temirtaou) et de l'essentiel du tissu industriel national (à Aktioubé, Karaganda, Oural, Semeï) maintient le Kazakhstan dans des liens d'interdépendance avec la Russie.

Les imbrications demeurent également fortes en matière de transport. C'est singulièrement le cas de certaines lignes de chemin de fer sillonnant les territoires kazakhstanais et russe, et donnant lieu à une gestion alternative. Ainsi, le tronçon reliant les villes kazakhstanaises d'Oural et d'Aktioubé est opéré par Kazakhstan Temir Joly, alors même qu'il se trouve en territoire russe. Inversement, les Chemins de fer de Russie (*Rossiïskie Jeleznye Dorogui*, RZD) gèrent celui transitant par le Kazakhstan pour rallier Omsk depuis Ekaterinbourg[24].

Le Kazakhstan est l'État d'Asie centrale qui entretient le partenariat le plus diversifié avec la Russie. Rythmées par des *fora* annuels de coopération interrégionale auxquels participent les présidents des deux pays, les relations commerciales entre Nour-Soultan et Moscou se développent à un rythme incomparable à l'échelle centrasiatique : 19,6 milliards de dollars d'échanges réalisés en 2019[25], contre seulement 6,6 milliards entre Moscou et Tachkent, deuxième économie régionale, dans la même année[26]. Avec près de 10 000 entreprises implantées au

---

[24] Pierre THOREZ, « Le réseau ferroviaire russe », *in* Arnaud DUBIEN (dir.), *Regards de l'Observatoire franco-russe 2019*, Éditions L'Inventaire, Paris, 2019, pp. 258-259.

[25] https://www.kazembassy.ru/rus/press_centr/novosti/?cid=0&rid=3796

[26] https://eadaily.com/ru/news/2020/03/10/rossiya-i-uzbekistan-narashchivayut-sotrudnichestvo-tovarooborot-vyros-na-17

Kazakhstan – elles ne sont que 300 au Tadjikistan –, la Russie représente plus du tiers des sociétés à capitaux étrangers opérant sur ce marché. En croissance de plus de 16 % en 2019[27], les investissements de la Russie au Kazakhstan (1,4 milliard de dollars) se concentrent principalement dans les activités extractives, avec une présence marquée des fleurons de ses industries fossile et minière.

Ainsi, Lukoil exploite les gisements pétroliers de Koumkol (région de Karaganda) et de Tenguiz[28] (en mer Caspienne), de même que le champ géant à condensats de gaz naturel de Karatchaganak (région du Nord-Ouest). Le 3 avril 2019, le groupe russe a annoncé la conclusion d'un contrat pour l'exploitation du gisement d'hydrocarbures *offshore* de Jenis avec la *holding* pétro-gazière kazakhstanaise KazMounaïGaz, à laquelle il est déjà lié dans le cadre d'un autre projet en mer Caspienne : celui du gisement gazier de Tsentralnoïe. Gazprom contribue également à la mise en valeur du champ de Karatchaganak, *via* KazRosGaz, l'entreprise conjointe dont elle s'est dotée avec KazMounaïGaz en 2001. Rosneft co-détient avec KazMounaïGaz – respectivement à hauteur de 25 et 50 % – le gisement pétrolier caspien de Kourmangazy, au sujet duquel les deux *holdings* ont annoncé, en novembre 2018, un plan d'investissement de 30 millions de dollars en vue de procéder à de nouvelles opérations exploratoires sur le site. Le géant aluminier russe Rusal exploite les mines de charbon de Bogatyr et de Severny (sises dans la région de Pavlodar), à travers la société Bogatyr Komir, qu'il possède à parts égales avec le fonds souverain du Kazakhstan Samrouk-Kazyna. Rosatom, l'Agence fédérale de l'énergie atomique, extrait de l'uranium des gisements de Zaretchnoïe et de Boudenovskoïe (Sud-

[27] https://www.inform.kz/ru/ob-em-valovogo-pritoka-inostrannyh-investiciy-v-kazahstan-dostig-poryadka-350-mlrd_a3635158

[28] Lukoil est également l'opérateur du *Caspian Pipeline Consortium*, oléoduc destiné à acheminer le pétrole extrait du champ de Tenguiz vers le terminal maritime russe de Novorossiïsk-2, situé en mer Noire.

Kazakhstan). Détenteur des deuxièmes réserves prouvées de la ressource (13 %), dont sa *holding* KazAtomProm est devenue le premier producteur mondial, le Kazakhstan étudie actuellement la possibilité de confier la construction d'une centrale à Rosatom[29], poursuivant ainsi une coopération nucléaire qui le lie à la Russie depuis 1991.

En effet, au lendemain de la chute de l'URSS, le Kazakhstan restitue à la Russie les armes nucléaires stockées sur son territoire, après y avoir officiellement renoncé (Protocole de Lisbonne relatif au Traité de réduction des armes stratégiques[30], par ailleurs co-signé par la Biélorussie et l'Ukraine). En parallèle, la Russie récupère une quarantaine de bombardiers lourds, par la suite incorporés dans son armée de l'air[31]. En échange, entre 1995 et 2002, elle livre au Kazakhstan un certain nombre de matériels militaires[32]. Aujourd'hui, la Russie est le principal fournisseur du Kazakhstan. Elle équipe son armée de terre, à laquelle elle a fourni depuis 2010 cent-trente-deux BTR-80A, cent-quatre-vingts BTR-82A (véhicules blindés de transport de troupes), trois BMPT (véhicules de combat d'infanterie en combat urbain). L'armée de l'air kazakhstanaise s'est elle aussi portée acquéreur d'appareils de fabrication russe :

---

[29] https://news.ru/world/rosatom-mogut-privlech-dlya-stroitelstva-aes-v-kazahstane/

[30] Signé à Moscou le 31 juillet 1991 par George Herbert Bush et Mikhaïl Gorbatchev, le *Strategic Arms Reduction Treaty* (START I) prévoyait une réduction graduelle des forces stratégiques américaines et soviétiques déployées. Un abattement de près d'un tiers avait ainsi été arrêté pour les deux parties.

[31] Dans le détail, treize Tupolev Tu-95MS-16 et vingt-sept Tupolev Tu-95 MS-6. https://komariv.livejournal.com/151760.html

[32] Vingt-et-un Mikoyan-Gourevitch MiG-29 (avions de chasse), trente-huit Soukhoï Su-27 (avions de chasse monoplace), quatorze Soukhoï Su-25 (avions d'attaque au sol), dix-sept Aero L-39 Albatros (avions d'entraînement militaire), un Iliouchine Il-76 (avion de transport militaire moyen/long courrier), un Tupolev Tu-134Sh (avion civil biréacteur) et un Tupolev Tu-154B (avion de ligne triréacteur). https://bmpd.livejournal.com/3478307.html

quarante Mil Mi-17 (hélicoptères de transport moyen), huit Mi-35M (hélicoptères d'attaque), vingt-six Soukhoï Su-30 (avions de combat à réaction multirôle)[33]. Quant à la marine, elle s'est vu livrer en 2017 un chasseur de mines *Alataou* de type 10750 E. Mentionnons aussi la cession à titre gratuit par la Russie de systèmes antiaériens S-300 suite à l'accord ratifié le 28 décembre 2013 pour la création d'une Défense aérienne unifiée avec le Kazakhstan dans le cadre de l'OTSC[34]. On rappellera enfin que Moscou continue d'exploiter le cosmodrome de Baïkonour (région de Kyzylorda)[35] et le polygone d'essais de missiles antibalistiques de Sary-Chagan (région de Karaganda), vestiges de l'époque soviétique.

Sur la scène internationale, le Kazakhstan s'est imposé, ces dernières années, comme un médiateur de tout premier plan dans les crises impliquant la Russie. Du temps où elle portait encore le nom d'« Astana », sa capitale Nour-Soultan a en effet servi de plateforme de discussions et de négociations pour le règlement de la crise sur le nucléaire iranien et de la guerre civile en Syrie[36] (un rôle qu'elle continue d'assumer à ce jour), œuvré à la réconciliation entre Ankara et Moscou suite à « l'affaire du Su-24 »[37], ou encore permis à l'Europe et à la

---

[33] Dans le cadre de la coopération militaro-technique le liant à la Russie depuis 2013, le Kazakhstan a passé commande de douze appareils supplémentaires durant le Forum international militaro-technique « Armia-2017 ».

[34] Cf. *infra* : « L'Organisation du Traité de sécurité collective (OTSC), une mise sous cloche militaire mais aussi politique de l'Asie centrale », p. 60.

[35] Même si elle multiplie les lancements depuis le cosmodrome de Vostotchny (région de l'Amour) et l'Ensemble de lancement Soïouz, dépendance du Centre spatial guyanais. Cf. *infra* : « Conclusion : La revanche du chameau ? », p. 121.

[36] On notera au passage une initiative analogue du côté de l'Ouzbékistan pour le règlement du conflit afghan, avec l'organisation d'une conférence internationale à Tachkent les 26 et 27 mars 2018 : "Peace process, security cooperation and regional connectivity".

[37] Le 24 novembre 2015, l'armée turque abat un Soukhoï russe qu'elle accuse d'avoir violé son espace aérien au retour d'une mission en Syrie. Le dénouement de cette crise diplomatique et commerciale survient le 29 juin

Russie de renouer un dialogue alors au point mort sur la guerre dans l'est de l'Ukraine[38]. Les efforts et les succès de sa diplomatie ont d'ailleurs valu au Kazakhstan de se faire élire le 28 juin 2016 membre non-permanent du Conseil de sécurité de l'Organisation des Nations unies, une première pour un pays d'Asie centrale. Ce sont sans aucun doute les relations *intuitu personae* entre les présidents Nazarbaïev et Poutine qui ont pu conférer au Kazakhstan son rôle de « messager de luxe » auprès de la Russie. Ce facteur ne doit pas être mésestimé. Ici encore, le contraste avec l'Ouzbékistan (sous Islam Karimov) est saisissant. Sans le soutien résolu de Noursoultan Nazarbaïev à l'Union économique eurasiatique (UEEA), dont le Kazakhstan est membre fondateur à l'instar de la Russie et de la Biélorussie, le projet phare du président russe sur l'espace postsoviétique n'aurait sans doute jamais pu se concrétiser.

C'est précisément la raison pour laquelle sa démission de la présidence de la République, annoncée en direct à la télévision le 19 mars 2019, ouvre une période d'incertitudes. S'il a annoncé vouloir se conformer à l'action d'*Elbassy* (le père de la Nation kazakhe), le nouveau président, Kassym-Jomart Tokaïev – 66 ans, diplomate de formation, qui fut tour à tour ministre des Affaires étrangères, Premier ministre, directeur de l'Office des Nations unies à Genève, puis président du Sénat –, entame son quadriennat mal élu[39] et avec des pouvoirs amoindris[40].

2016, à l'initiative des présidents russe Vladimir Poutine et turc Recep Tayyip Erdoğan.

[38] Lors de la visite officielle du président de la République française François Hollande au Kazakhstan (5-6 décembre 2014), Noursoultan Nazarbaïev lui « arrange » un entretien avec Vladimir Poutine, qui se concrétise dans la foulée à l'aéroport international de Vnoukovo (Moscou, le 6 décembre). Cette rencontre permet de relancer les discussions entre la France, l'Allemagne, l'Ukraine et la Russie, aboutissant à l'adoption à Minsk (Biélorussie) d'un accord sur le Donbass (« Minsk II »), le 12 février 2015.

[39] La candidature de Kassym-Jomart Tokaïev à l'élection présidentielle organisée le 9 juin 2019 a recueilli 70 % des voix (quand son prédécesseur – qui l'a publiquement adoubé – dépassait systématiquement la barre des

Il doit également composer avec les Nazarbaïev, père et fille : Noursoultan, qui conserve la présidence à vie du Conseil national de sécurité (structures de force) et garde la main sur le parti au pouvoir (Nour-Otan) ; et Dariga, propulsée à la tête du Sénat, et qui semble plus proche que jamais de concrétiser ses ambitions présidentielles[41]... du moins jusqu'à ce 2 mai 2020, date de son renvoi. Cette décision pour le moins inattendue a à l'évidence été rendue possible tant par l'impopularité de Dariga Nazarbaïeva elle-même que par l'élargissement des pouvoirs présidentiels avec l'instauration, à partir du 15 mars, de l'état d'urgence sanitaire pour contrer l'épidémie de COVID-19 dans le pays. Ceci étant, on imagine mal que Noursoultan Nazarbaïev ignorât le jeu de chaises musicales qui se profilait à la tête du Sénat, soldé le 4 mai par la nomination de Maoulen Achimbaïev, jusqu'alors premier directeur adjoint de l'Administration présidentielle. Compte tenu de la personnalité de Dariga Nazarbaïeva, des relations complexes qu'elle entretient avec son père et de l'âge avancé de ce dernier, la première historique à laquelle on vient d'assister – jamais un chef de l'État kazakhstanais n'avait congédié le président du Sénat par décret – pourrait être le prélude à de violentes luttes de pouvoir à Nour-Soultan.

De plus, cette transition politique au Kazakhstan survient dans un contexte bilatéral pour le moins particulier. On a ainsi assisté, ces dernières années, à une multiplication de prises de position empreintes d'un certain « kazakhstano-scepticisme »

---

80 %), sur fond de baisse de la participation et, surtout, d'une contestation inédite (500 manifestants interpellés selon le ministère de l'Intérieur ; le score le plus élevé jamais réalisé par un opposant lors d'une élection présidentielle au Kazakhstan avec les 16 % d'Amirjan Kossanov).

[40] En conséquence de la révision constitutionnelle du 3 mars 2017, qui renforce quelque peu les pouvoirs du Majilis, le Parlement kazakhstanais.

[41] Pris en son alinéa 1er, l'article 48 de la Constitution du 30 août 1995 désigne le président du Sénat comme le successeur du chef de l'État en cas de vacance du pouvoir.

de la part de personnalités politiques russes. Par exemple, le 29 août 2014, durant le Forum de la jeunesse organisé à Seliguer, dans la région de Tver, le président Poutine s'est autorisé une déclaration tonitruante : « Il [Nazarbaïev] a réussi le tour de force de créer un État sur un territoire qui n'en a jamais connu. Les Kazakhs n'avaient jamais eu de culture étatique auparavant. C'est lui qui l'a créée. De ce point de vue, il est [un dirigeant] absolument unique au sein de l'espace postsoviétique »[42]. Quelques semaines plus tôt, en février, le *leader* nationaliste Vladimir Jirinovski voulait rattacher à la Fédération de Russie les Républiques d'Asie centrale transformées en une région ayant pour capitale « Verny » – soit l'ancien nom d'Almaty, par ailleurs ville natale du principal intéressé. Plus récemment, durant l'été 2018, sur le réseau social américain Twitter, l'écrivain et homme politique controversé Édouard Limonov appelait pour sa part la Russie à « se partager le Kazakhstan avec la Chine à la mort de Nazarbaïev »[43].

En pleine affaire criméenne, ces sorties ont été extrêmement mal perçues dans un pays qui abrite la deuxième plus forte diaspora russe de tout l'espace postsoviétique[44]. Aussi, le 27 octobre 2017, Noursoultan Nazarbaïev signait-il un décret imposant, d'ici à l'année 2025, l'écriture de la langue kazakhe en lettres latines, abandonnant l'alphabet cyrillique prescrit par les autorités soviétiques en 1940[45], et faisant droit aux revendications de « décolonisation linguistique » exprimées par les mouvements nationalistes kazakhs[46]. C'est animé du même

---

[42] http://kremlin.ru/events/president/news/46507

[43] https://twitter.com/edvlimonov/status/1003854469623410688

[44] Plus de 3 millions de Russes vivraient actuellement au Kazakhstan, le double en Ukraine (hors Crimée et Sébastopol).

[45] La cyrillisation des principales langues vernaculaires d'Asie centrale – le tadjik et le turkmène en 1939 ; le kazakh, le kirghize et l'ouzbek en 1940 – fait suite à un décret adopté en 1938 généralisant l'enseignement obligatoire du russe à l'ensemble de l'URSS.

[46] « Suite à l'annexion de la Crimée et au basculement de la Russie dans une politique étrangère extrêmement agressive, certains Kazakhs se sont mis à

état d'esprit que le chef de l'État a, un temps, fait montre de sa volonté de rebaptiser le Kazakhstan en « Kazakh Eli » (« le pays des Kazakhs »), sans pour autant aller jusqu'à faire adopter la mesure[47]. Cette volonté de distanciation d'avec la Russie fut également exprimée, avec la plus grande netteté, dans le cadre de l'UEEA, où Nour-Soultan (anciennement Astana) a prévenu : elle s'arroge un droit de retrait unilatéral dans l'éventualité où Moscou chercherait à profiter de cette organisation pour s'ingérer dans ses affaires intérieures[48].

Quoique reposant sur des bases solides, les relations bilatérales russo-kazakhstanaises traversent donc une zone de turbulences. Et il faut bien avoir à l'esprit que, vis-à-vis de Nour-Soultan, Moscou ne dispose pas d'outils de contrainte directe. Le Kazakhstan n'accueille aucune base militaire russe sur son sol. Il ne constitue pas non plus un pôle majeur d'émigration à destination de son voisin septentrional[49], à la différence de l'Ouzbékistan, du Kirghizstan et du Tadjikistan.

---

considérer ce pays non plus comme un partenaire, mais comme un rival idéologique », notait le politologue kazakhstanais Dossym Satpaïev dans le magazine *Forbes Kazakhstan*, en février 2018. https://www.trtworld.com/magazine/kazakhstan-s-troubles-switching-from-the-cyrillic-to-the-latin-alphabet-23960

[47] Une nationalisation toponymique avait déjà concerné les noms de ville au Kazakhstan au lendemain de l'indépendance du pays. Aussi les villes précédemment mentionnées d'Aktioubé, Öskemen, Oural et Semeï s'étaient-elles respectivement appelées Aktioubinsk, Oust-Kamenogorsk, Ouralsk et Semipalatinsk, à une époque antérieure.

[48] Bayram BALCI, « Union économique eurasienne : vers un retour de Moscou en Asie centrale ? », Sciences Po CERI, Paris, 2015. http://www.sciencespo.fr/ceri/fr/content/union-economique-eurasienne-vers-un-retour-de-moscou-en-asie-centrale

[49] L'autre spécificité du Kazakhstan en la matière tient à son rôle de (seul et unique) pôle d'immigration en Asie centrale.

2. Kirghizstan, Tadjikistan : les partenaires secondaires

Le Kirghizstan[50] et le Tadjikistan présentent un certain nombre de similitudes. Géographiquement, ces deux micro-territoires montagneux, pauvres en ressources naturelles et faiblement peuplés, sont les châteaux d'eau de l'Asie centrale, les principaux fleuves de la région, le Syr-Daria et l'Amou-Daria, y prenant leur source. Par ailleurs, ces États ont été, sur le plan intérieur, le théâtre des plus graves crises politiques que l'Asie centrale ait connues depuis 1991. Au Kirghizstan, trois présidents ont été poussés vers la sortie : Askar Akaïev au terme d'une « révolution de couleur » en 2005[51], Kourmanbek Bakiev en 2010[52] et Sooronbaï Jeenbekov en 2020[53]. Quant au Tadjikistan, une terrible guerre civile s'y est déroulée entre 1992 et 1997[54].

[50] « République kirghize » est la dénomination officielle du pays, aux termes de la Constitution du 5 mai 1993.

[51] Cf. note 118, p. 62.

[52] Cf. note 77, p. 48.

[53] Cf. note 56, p. 41.

[54] À l'indépendance, le Tadjikistan est profondément fracturé sur le plan ethnique et territorial. Le nord du pays est dominé par les Khodjentis, le sud par les Pamiris, le centre et l'ouest, par les Koulabis et les Garmis. Les Koulabis prennent la tête d'une force communiste pro-gouvernementale, soutenue par Moscou et Tachkent : le Front populaire du Tadjikistan. Les Garmis créent une alliance disparate réunissant des démocrates, des islamistes et des nationalistes, appuyée par Téhéran : l'Opposition tadjike unie. Fin 1992, les néo-communistes prennent le meilleur sur les islamo-démocrates, contraints de s'exiler au nord de l'Afghanistan où ils créent le Mouvement pour la renaissance islamique du Tadjikistan. Ce dernier, soutenu par les Talibans, organise des actions de guérilla au Tadjikistan. À partir de 1994, le gouvernement de Douchanbé, dirigé par Emomali Rakhmonov, négocie avec son principal opposant, le Parti de la renaissance islamique (PRI), sous l'égide de l'ONU et avec une médiation russo-iranienne. Ce processus aboutit à la signature, le 27 juin 1997, du Protocole de Moscou, qui reconnaît une existence légale au PRI et l'intègre dans les structures de pouvoir et dans les forces armées régulières tadjikistanaises. Le 6 novembre 1999, Emomali Rakhmonov remporte l'élection présidentielle, recueillant plus de 97 % des

Le Kirghizstan et le Tadjikistan sont identifiés par la Russie comme les composantes les plus fragiles de son « étranger proche » centrasiatique. Minés par des tensions interethniques[55], des élites corrompues[56], une pauvreté endémique[57], des fron-

suffrages. Le bilan de ce conflit est particulièrement lourd : entre 50 000 et 100 000 morts ; des centaines de milliers de réfugiés, principalement en Afghanistan, en Ouzbékistan (qui accueillait déjà près de 3 millions de ressortissants tadjikistanais), au Kirghizstan et en Russie ; une pacification relative, dans la mesure où des pans entiers du territoire national sont tenus par des seigneurs de la guerre, impliqués dans des trafics d'armes et de stupéfiants avec l'Afghanistan.

[55] Émeutes entre communautés kirghizes et ouzbèkes dans la deuxième ville du Kirghizstan, Och, dans la nuit du 10 au 11 juin 2010.

[56] Le 8 août 2019, Almazbek Atambaïev, ancien président de la République du Kirghizstan, est interpellé de façon spectaculaire à son domicile par les forces de sécurité. Il est par la suite condamné à une peine de onze ans d'emprisonnement pour avoir facilité la libération d'Aziz Batoukaïev (un chef mafieux d'origine tchétchène) en 2013. Il s'évade le 6 octobre 2020, avant d'être à nouveau arrêté le 10. Atambaïev dénonce un règlement de comptes de la part de son successeur, qu'il avait soutenu pendant la campagne présidentielle avant de prendre ses distances. Cette accusation fragilise Sooronbaï Jeenbekov, empêtré dans un scandale de corruption électorale. Le 4 octobre en effet, Birimdik (« Unité ») et Mekenim Kyrguyzstan (« Ma Patrie le Kirghizstan »), deux partis proches du pouvoir, remportent les élections législatives sur de forts soupçons d'achats massifs de voix. L'annulation de ce scrutin par la Commission électorale centrale le 6 octobre n'empêche pas le chaos de s'installer dans le pays (affrontements entre factions politiques, envahissement de bâtiments gouvernementaux par des manifestants, libération de l'opposant nationaliste Sadyr Japarov, nommé Premier ministre avec la médiation de la Russie). Le 8, le président Jeenbekov proclame l'état d'urgence. Le lendemain, il se dit prêt à quitter le pouvoir, une fois le calme revenu au Kirghizstan. Il démissionne pourtant dès le 15 octobre, remplacé par son Premier ministre, après le refus du chef du Jogorkou Kenech (« Conseil suprême », le Parlement kirghizstanais), Kanat Issaïev, d'assumer cette charge. Le 10 janvier 2021, Sadyr Japarov remporte haut la main l'élection présidentielle anticipée, assortie d'un référendum constitutionnel pour une présidentialisation du régime.

[57] Les PIB kirghizstanais et tadjikistanais (de 8,5 et 8,1 milliards de dollars en 2019 selon la Banque mondiale) sont les plus modestes de la région.

tières poreuses[58] et des relations souvent conflictuelles avec leurs voisins[59], la fragile démocratie de Bichkek et le régime autoritaire de Douchanbé répondent à la description que l'on fait traditionnellement des « États faillis ». La Russie redoute que le Kirghizstan et le Tadjikistan ne relayent vers son propre sol les facteurs d'instabilité de leur voisin afghan : trafics de drogue et d'armes, terrorisme. C'est pourquoi les partenariats que Moscou a noués avec Bichkek et Douchanbé sont principalement et prioritairement d'ordre militaire.

Le premier volet de ces coopérations a trait à la fourniture de matériels. S'agissant du Kirghizstan, la Russie lui a livré deux avions de transport militaire Antonov An-26 en août 2017[60]. Auparavant, elle lui avait fourni vingt tanks BTR-70M en deux fois (mai 2015 puis février 2016), dans le cadre d'un programme d'investissement de 1,1 milliard de dollars dans le rééquipement de l'armée kirghizstanaise annoncé en 2012[61]. Quant au Tadjikistan, il s'est vu remettre, depuis 2005 et à titre gratuit, plus de trois-cents appareils russes, dont trois tanks T-72B1, neuf véhicules blindés de transport de troupes (de type BTR-70, BTR-80 et BMP-2), trois obusiers D-30 de 120 mm, trois canons antiaériens ZU-23M1, ainsi que des hélicoptères

---

[58] La sécurisation des 1 350 km de frontière entre le Tadjikistan et l'Afghanistan est assurée par la Russie.

[59] Cf. *infra*, pp. 44-45, sur les tensions avec les États situés en aval du Syr-Daria et de l'Amou-Daria – principalement l'Ouzbékistan –, liées aux projets de barrages hydro-électriques. Notons également les crispations entre Bichkek et Douchanbé, à l'instar de l'échange de tirs entre des gardes-frontières des deux pays dans l'enclave de Vouroukh le 16 septembre 2019, qui fait un mort côté kirghizstanais, et trois côté tadjikistanais.

[60] https://24.kg/obschestvo/59776_samoletyi_an-26_peredali_kyirgyizstanu_rossiyskie_voennyie/

[61] La Russie a par ailleurs transféré au Kirghizstan cent-vingt-trois équipements spéciaux en janvier 2019 : cent-huit véhicules amphibies pour le transport de troupes et de matériels, deux camions tracteurs, deux chargeuses-pelleteuses, deux grues mobiles, quatre véhicules d'évacuation, cinq véhicules spécialisés. https://24.kg/obschestvo/106126_pervaya_partiya_rossiyskoy_voennoy_tehniki_pribyila_vkyirgyizstan/

Mi-8 (transport) et Mi-24 (attaque), pour le seul mois de décembre 2017[62]. Plus récemment, en février 2019, Moscou a vendu à Douchanbé des systèmes de défense antiaériens pour une facture de 9 millions de dollars. En avril, Vladimir Poutine s'engageait auprès du président tadjikistanais Emomali Rakhmon à moderniser son armée, *via* un programme d'investissement de 200 millions de dollars jusqu'en 2025.

Deuxième composante du partenariat militaire entre Moscou d'un côté et Bichkek et Douchanbé de l'autre : la formation. En 2018, deux-cents élèves-officiers de l'armée kirghizstanaise se formaient dans les académies militaires russes[63]. Près de six-cents officiers tadjikistanais seraient en train de se perfectionner sous la surveillance d'instructeurs russes.

Enfin, pour ce qui concerne les installations, les villes kirghizstanaise de Kant (base aérienne[64]) et tadjikistanaises de Douchanbé et de Kourgan-Tioubé (201e Division d'Infanterie Motorisée) hébergent les deux seules bases militaires russes actuellement opérationnelles en Asie centrale. La Russie compte plusieurs autres sites stratégiques au Kirghizstan : un polygone de tirs de torpilles à Karakol, une station de liaison de la marine à Tchaldovar, ainsi qu'un laboratoire d'études sismiques à Maïlouou-Souou. Au Tadjikistan, elle exploite l'aérodrome d'Aïni (en commun avec le pays hôte), ainsi que le centre de suivi par satellite optique d'Okno (« Fenêtre », en russe), situé à Norak. Le Tadjikistan a cédé ce dernier complexe en 2004 à la Russie, pour lui rembourser une dette de 330 millions de dollars. En 2009, la Russie a tenté de rejouer au Kirghizstan cette partition « acquisition d'un actif stratégique contre annulation de la dette souveraine » – en l'espèce : de 180 millions de dollars –, pour faire main basse sur la société

[62] https://www.rbc.ru/rbcfreenews/5a38b6d99a7947e4ae09b263

[63] http://kabar.kg/news/iatc-kabar-vooruzhennye-sily-kr-preobrazovaniia-i-uluchsheniia-za-26-let/

[64] Son extension (d'une soixantaine d'hectares) est actée durant la visite d'État effectuée par Vladimir Poutine au Kirghizstan, le 28 mars 2019.

Dastan, producteur phare de torpilles sous-marines dans la Communauté des États indépendants (CEI), dont elle convoitait 48 % des parts. Le revirement des autorités kirghizstanaises, qui n'entendaient finalement plus se séparer que de 37 % des actions de la société, la révolution d'avril 2010 dans le pays, puis la nationalisation de Dastan en juillet 2011 ont toutefois eu raison des plans de reprise russes[65].

Les velléités russes d'influence stratégique sur le Kirghizstan et le Tadjikistan ont également trouvé un terrain d'expression à travers les projets de centrales hydro-électriques. Du temps de l'URSS, Moscou avait mis en place un « troc eau-énergie »[66] en Asie centrale. Le Kazakhstan, l'Ouzbékistan et le Turkménistan devaient livrer des hydrocarbures au Kirghizstan et au Tadjikistan, moyennant quoi ces derniers, équipés de barrages – à l'image de celui de Toktogoul, achevé en 1976 –, avaient la charge de stocker de l'eau toute l'année pour procéder à des lâchers estivaux, en pleine saison agricole, au profit des trois premières Républiques[67]. La disparition de

[65] https://kaktus.media/doc/389000_v_etot_raz_bydet_inache_proekty_rossii_v_kyrgyzstane_kotorye_ne_smogli_realizovat.html

[66] Alain CARIOU, « L'eau et l'aménagement du territoire en Asie centrale », *Cahiers d'Asie centrale*, 2015, p. 44, disponible en ligne à l'adresse suivante : https://journals.openedition.org/asiecentrale/3080

[67] Dans le détail, le ministère soviétique pour la Gestion des ressources hydriques (*Ministerstvo melioratsii i vodnogo khoziaïstva*, Minvodkhoz) avait édicté des règles pour le partage des eaux fluviales en Asie centrale. Son protocole n°413 (7 février 1984) attribuait 46 % des eaux du Syr-Daria à l'Ouzbékistan, 44 % au Kazakhstan, 8 % au Tadjikistan, et 2 % au Kirghizstan. Son protocole n°566 (10 septembre 1987) allouait 48 % des eaux de l'Amou-Daria à l'Ouzbékistan, 36 % au Turkménistan, 15 % au Tadjikistan, et 0,6 % au Kirghizstan. Pour s'assurer du respect de ces quotas, les décrets n°300 et 301, adoptés par le ministère le 27 août 1987, ont créé des Départements spéciaux pour la répartition des ressources hydriques (*Oupravlenie po mejrespoublikanskomou raspredeleniou vodnykh ressoursov*, Ouprvodkhoz) du Syr-Daria et de l'Amou-Daria. Siégeant en Ouzbékistan – à Tachkent pour le premier, à Ourguentch pour le second –, ils ont par la suite

l'URSS en 1991 modifie la donne. Le Kirghizstan et le Tadjikistan entendent s'affranchir de la dépendance énergétique qu'ils accusent envers les trois États situés en aval des cours d'eau qu'ils dominent. Leur politique hydrique change donc, avec la mise en place de structures de production hydro-électriques reposant sur des lâchers d'eau hivernaux, aux antipodes du régime d'irrigation précédemment en vigueur. Ce passage d'une gestion mutuelle à une gestion souveraine suscite l'émergence de « tensions hydro-politiques »[68], notamment avec l'Ouzbékistan[69].

Voyant dans le contrôle de la distribution de l'eau un redoutable moyen de pression politique sur les gouvernements locaux, et dans l'intégration énergétique un relais intéressant pour les synergies qu'elle cherche à mettre en œuvre à travers l'Union économique eurasiatique (UEEA), la Russie se dit prête à financer la construction de plusieurs barrages hydro-électriques en Asie centrale. En la matière, elle rencontrera des fortunes diverses. En 2012, le gouvernement kirghizstanais signe un contrat avec Inter RAO pour la construction de la centrale de Kambarata-1 (1 900 MW de capacités installées, pour un coût total de 3 milliards de dollars), et un autre avec RusHydro pour la création de la centrale de Verkhne-Naryn (237,7 MW ; 729 millions de dollars). Les deux accords sont dénoncés quelques années plus tard par le président Atambaïev

---

été transformés en Associations pour la gestion des bassins (*Basseïnoïe vodokhoziaïstvennoïe obiedinenie*, BVO) du Syr-Daria et de l'Amou-Daria.

[68] Julien THOREZ (dir.), *Ibid.*, pp. 110-111.

[69] « Les relations difficiles du Tadjikistan et du Kirghizstan avec l'Ouzbékistan sont marquées par [...] la propension de Tachkent à utiliser son contrôle des voies de transport pour faire pression sur ses voisins. Ainsi, opposé aux projets hydroélectriques du Kirghizstan et du Tadjikistan, l'Ouzbékistan n'hésite pas à bloquer le transit de matériels qui pourrait servir à leur construction ». David TEURTRIE, « L'OTSC : une réaffirmation du *leadership* russe en Eurasie *post-*soviétique ? », *Revue Défense Nationale n°802*, été 2017, p. 2, note n°5, disponible en ligne à l'adresse suivante : http://www.russiegeopolitique.org/images/article_RDN_OTSC_Teurtrie_0717.pdf

pour manque de financements côté russe. Quant au gouvernement tadjikistanais, il s'engage en 2004 avec Rusal pour la réalisation du plus haut barrage du monde, à Rogoun (3 600 MW ; 3 milliards de dollars), avant de rompre l'accord en 2007 pour des divergences techniques[70]. Seul le contrat le liant depuis 2004 à Inter RAO se concrétisera, avec la mise en service en 2009 de la centrale de Sangtouda-1 (670 MW ; 720 millions de dollars).

Rudement éprouvés sur ces deux marchés, les investisseurs russes n'en demeurent pas moins capables d'y réaliser de jolis coups, à l'image des contrats miniers enlevés par le groupe bancaire VTB en 2019. L'un porte sur une exploitation conjointe, avec le russe Grouppa Alliance et le kirghizstanais Alliance Altyn, de la mine d'or et d'argent de Djerouï (région de Talas)[71]. L'autre consiste dans une coopération et un financement pour l'élargissement de la production de la Compagnie aluminière du Tadjikistan (TALKO).

Un élément absolument fondamental des relations interétatiques russo-kirghizstanaises et russo-tadjikistanaises tient à la présence de fortes communautés de travail émigrées en Russie. En avril 2019, la Banque mondiale publiait un classement des États selon la part des transferts monétaires effectués par leurs expatriés professionnels dans leur produit intérieur brut (PIB). Il en ressort que le total des remises de fonds contribue à plus ou moins un tiers des PIB du Kirghizstan et du Tadjikistan, respectivement deuxième et troisième du classement[72]. En mai, Sergueï Abachine, professeur à la Faculté d'anthropologie de

---

[70] C'est la société italienne Salini Impregilo qui reprend le flambeau en 2016. La première des six turbines annoncées est inaugurée à Rogoun en 2018.

[71] VTB débloque 180 millions de dollars sur la période 2018-2019 pour un projet occasionnant un coût total de 600 millions de dollars. Djerouï est le deuxième plus grand gisement aurifère du Kirghizstan, après celui de Koumtor (région d'Issyk-Koul), exploité par le canadien Centerra Gold.

[72] https://www.knomad.org/sites/default/files/2019-04/MigrationandDevelopmentBrief_31_0.pdf

l'Université européenne de Saint-Pétersbourg, estimait à 713 000 le nombre de travailleurs kirghizstanais installés en Russie – soit près de 90 % de la main-d'œuvre officiellement expatriée par Bichkek – et à 1,255 million celui de leurs homologues tadjikistanais[73], dont la Banque centrale de Russie évalue pour sa part à plus de 2,5 milliards de dollars les transferts de fonds à destination de Douchanbé. L'on comprend donc que, pour Moscou, ces migrants ne constituent pas uniquement une main-d'œuvre bon marché, mais également, si besoin, un réel moyen de pression sur Bichkek et Douchanbé[74]. L'affaiblissement du rouble peut avoir des conséquences directes sur la vigueur du som et du somoni, ainsi qu'un énième train de sanctions contre l'économie russe est récemment venu le rappeler[75].

Les mesures prises pour enrayer la pandémie de COVID-19 en Russie depuis le début du printemps 2020 mettent davantage encore en lumière ces liens de dépendance. La suspension des liaisons aériennes puis la fermeture des frontières, successivement entrées en vigueur les 27 et 30 mars, ont directement impacté les travailleurs saisonniers originaires du Kirghizstan, du Tadjikistan, mais également d'Ouzbékistan. Les candidats au départ ont dû se résoudre à demeurer dans leur pays d'origine, où les files de chômeurs gagnent en longueur. Leurs compatriotes confinés en Russie n'enregistrent plus les rentrées d'argent leur permettant de se loger sur place et de faire vivre

---

[73] https://regnum.ru/news/2637107.html

[74] De ce point de vue, les immigrés kirghizstanais en Russie ont un sort plus enviable que celui des ressortissants tadjikistanais, dans la mesure où l'appartenance de leur pays à l'UEEA leur fait bénéficier d'un certain nombre de facilités (procédure accélérée pour la délivrance de visas, accès simplifié à la nationalité).

[75] Il suffit de suivre l'évolution du cours du somoni, tel qu'établi par la Banque centrale du Tadjikistan, entre le 5 et le 15 août 2019, sur fond de nouvelles sanctions économiques américaines visant la Russie. 1 000 roubles valaient 143 somoni le 5 août ; ils n'en valent plus que 149 le 15. http://avesta.tj/2019/08/15/sanktsii-protiv-rossii-skazalis-na-kurse-rublya-v-tadzhikistane/

leur famille restée au pays, qu'ils rejoignent habituellement en cette période de l'année pour fêter le *Norouz*, Nouvel An persan célébré à travers toute l'Asie centrale. La relative mansuétude manifestée par les autorités russes[76] sera peu de chose face à l'onde de choc que cette crise ne devrait malheureusement pas manquer de provoquer dans cette Asie centrale malade de ses travailleurs expatriés inactifs[77].

Partenaires politiques et économiques de moindre importance que le Kazakhstan, le Kirghizstan et le Tadjikistan n'en revêtent pas moins une valeur stratégique réelle aux yeux de la Russie, pour laquelle ils ne constituent pas des interlocuteurs nécessairement plus complexes que ne le sont l'Ouzbékistan et le Turkménistan.

---

[76] Prorogation jusqu'au 15 juin de la validité des documents expirant à partir du 15 mars et permettant aux ressortissants étrangers de séjourner et/ou travailler en Russie (décret présidentiel du 18 avril 2020 « Sur les mesures temporaires visant à réglementer le statut juridique des ressortissants étrangers et des apatrides établis en Fédération de Russie, en lien avec la menace de propagation du nouveau coronavirus (COVID-19) ») ; affrètement de quelques vols spéciaux pour le rapatriement de ressortissants centrasiatiques condamnés à faire le pied de grue plusieurs jours durant dans les aéroports internationaux de Moscou.

[77] La chute du président kirghizstanais Kourmanbek Bakiev peut s'avérer ici fort instructive. Il est acquis que sa démission de la présidence de la République, le 15 avril 2010, résulte de révoltes populaires causées par l'emprisonnement, le 7, de plusieurs membres de l'opposition. La baisse des remises de fonds des travailleurs kirghizstanais expatriés en Russie tout autant que le rapatriement forcé d'une partie d'entre eux – la crise des *subprimes* était passée par là… – avaient préalablement concouru à créer un terreau favorable à la contestation politique dans le pays.

3. Ouzbékistan, Turkménistan : le retour des « non-alignés » ?

L'Ouzbékistan et le Turkménistan sont les États d'Asie centrale les plus rétifs à l'influence russe. Ni l'un ni l'autre ne siègent à l'OTSC ou à l'UEEA[78], l'Ouzbékistan se contentant de participer aux travaux de l'OCS. À l'instar du Kazakhstan, ils sont richement dotés en hydrocarbures, mais, contrairement à lui, faiblement peuplés de Russes. Sans moyen de pression direct sur ces deux pays[79], la Russie a, depuis 1991, éprouvé de sérieuses difficultés à nouer des relations stables avec eux, alors même qu'elle leur accorde une attention certaine sur le plan stratégique. D'une part, l'Ouzbékistan apparaît comme la pierre angulaire de l'Asie centrale pour y être non seulement l'État le plus peuplé mais également le seul à partager des frontières avec tous les autres, en plus de l'Afghanistan. D'autre part, le Turkménistan est le géant gazier de la zone, lui aussi frontalier de l'Afghanistan, et surtout de l'Iran. Les facteurs traditionnels de blocage tenaient principalement, d'un côté, à une politique étrangère anachronique, oscillant entre phases d'américano-suivisme et réajustement en faveur de la Russie et de la Chine[80],

---

[78] Même si l'Ouzbékistan s'est vu attribuer le statut d'État observateur auprès de l'UEEA à la fin de l'année 2020. Cf. *infra* : « L'Union économique eurasiatique (UEEA), une intégration à reculons », p. 70.

[79] À une exception près : le million de travailleurs ouzbékistanais que les Russes accueillent sur leur territoire, avec des conséquences budgétaires pour leur État d'origine analogues à celles déjà observées pour le Kirghizstan et le Tadjikistan.

[80] Le 13 mai 2005, le régime de Tachkent fait face à une insurrection à Andijan, principale ville de la vallée de Fergana. Au départ, la revendication porte sur la libération d'individus soupçonnés d'être des islamistes radicaux. Elle prend un tour plus général, dénonçant les abus du régime et les difficiles conditions économiques dans le pays. Le président Karimov écrase le mouvement dans le sang (des bilans non officiels font état d'au moins plusieurs centaines de morts). Cet événement suscite une levée de boucliers contre l'Ouzbékistan, notamment aux États-Unis. En représailles, ceux-ci se font évincer de la base aérienne qu'ils exploitent depuis 2001 à Karchi-Khanabad pour les besoins de leur intervention en Afghanistan.

et de l'autre, à la doctrine de « neutralité »[81] – d'abord « permanente » (1995), ensuite « perpétuelle » (2006) – cantonnant la coopération avec la Russie aux considérations d'ordre économique, principalement énergétique. Ceci étant, des évolutions tout à fait significatives sont à l'œuvre, tant à Tachkent qu'à Achkhabad.

En Ouzbékistan, le lancement d'une audacieuse politique d'ouverture sur le plan économique sous l'impulsion de Chavkat Mirzioïev, nouvel homme fort de Tachkent depuis le décès du premier président de la République Islam Karimov en 2016, est indéniablement en train de rebattre les cartes, car il relance et densifie le partenariat avec la Russie. Les échanges commerciaux repartent sensiblement à la hausse (+36,6 % entre 2016 et 2018, contre -28,4 % sur la période 2014-2016)[82]. Les exportations ouzbékistanaises vers la Russie connaissent une augmentation de 6,8 % de 2017 à 2018 (2,193 milliards de dollars), tirées notamment par le textile (+25 %, 639,6 millions de dollars), le gaz naturel (+27,3 %, 583,5 millions de dollars) et les denrées agricoles (+29 %, 186,5 millions de dollars). Les importations sont elles-mêmes fortement en hausse (+30,6 %, 3,537 milliards de dollars). Pesant près de 17 % du commerce extérieur ouzbékistanais en 2018, 16 % en 2019, Moscou s'impose comme le deuxième partenaire économique de Tachkent derrière Pékin, qu'elle supplante même de peu au

---

[81] Doctrine reconnue par les Nations unies et symbolisée par l'insertion dans le drapeau turkménistanais de deux rameaux d'olivier entrecroisés analogues à ceux de la bannière onusienne (loi « Sur le drapeau national du Turkménistan » en date du 29 janvier 1997).

[82] Voir : http://mirperemen.net/2019/01/uzbekistan-i-rossiya-v-2018-godu-narastili-obem-vzaimnoj-torgovli/ et le rapport établi par la Commission nationale de la République d'Ouzbékistan pour les statistiques (Goskomstat) sur le commerce extérieur en 2018 : https://stat.uz/ru/press-tsentr/novosti-komiteta/5277-vneshnetorgovyj-oborot-respubliki-uzbekistan-2

terme du premier trimestre 2020, à la faveur de l'essoufflement chinois occasionné par la crise du coronavirus[83].

Le redémarrage est également à l'œuvre dans le domaine militaire. Sans avoir abandonné la politique de diversification de ses fournisseurs – États-Unis, Chine, Turquie, Ukraine – conduite durant la période précédente, le pays a récemment multiplié les contrats d'armement avec la Russie : douze hélicoptères de combat Mi-35M[84], des véhicules blindés de transport de troupes BTR-82A[85], des véhicules militaires blindés légers GAZ 2330 TIGR[86]. En parallèle, l'Ouzbékistan a sollicité la Russie afin de procéder à la modernisation de son parc de chasseurs MiG-29[87]. Des négociations sont en cours sur des avions de combat Soukhoï Su-30SM ainsi que sur des hélicoptères de transport moyen Mil Mi-17[88].

Le partenariat russo-ouzbékistanais s'est par ailleurs agrémenté d'une inédite composante nucléaire, depuis la conclusion, le 29 décembre 2017, d'un contrat entre Rosatom et le gouvernement de Tachkent. C'est à proximité du lac Aïdarkoul (situé à équidistance des trois principales villes de l'Ouzbékistan que sont Tachkent, Samarcande et Boukhara) que la Russie créera la première centrale nucléaire de l'Asie centrale postsoviétique[89]. Elle comprendra quatre réacteurs VVER-1200,

---

[83] 1,37 milliard de dollars d'échanges réalisés par la Russie en Ouzbékistan contre 1,36 milliard pour la Chine. https://kursiv.kz/news/rynki/2020-04/rossiya-stala-osnovnym-torgovym-partnyorom-uzbekistana

[84] https://riafan.ru/1193671-smi-nazvali-sroki-postavki-vertoletov-mi-35m-v-uzbekistan

[85] https://ria.ru/20190708/1556297260.html

[86] https://topwar.ru/159417-uzbekistan-zakupit-desjatki-rossijskih-tigrov.html?utm_source=yxnews&utm_medium=desktop

[87] https://ria.ru/20190708/1556297170.html

[88] https://bmpd.livejournal.com/3478307.html

[89] En 1956, sous le régime de l'URSS, la Russie avait construit à Tachkent une centrale spécialisée dans la recherche : l'Institut de physique nucléaire d'Oulougbek. Ses deux réacteurs, un VVER-SM et un IIN-3M FOTON, ont été démantelés au cours de la décennie 2010, et les combustibles radioactifs

dont le premier sera opérationnel en 2028. D'un coût de 13 milliards de dollars, ce projet pharamineux doit permettre à l'Ouzbékistan, en proie à de fréquentes coupures de courant, de diversifier ses sources de production d'électricité, afin de répondre aux besoins d'une population en hausse constante[90].

La coopération entre Russes et Ouzbékistanais tend également à s'étoffer sur le plan énergétique. En 2016, Gazprom se fait livrer la bagatelle de 6,2 milliards de m^3 de gaz en provenance d'Ouzbékistan, 5,5 milliards l'année qui suit[91]. En 2017, elle signe avec Ouzbekneftegaz un contrat portant sur l'achat de 4 milliards de m^3 de gaz à partir de 2018 pour une période de cinq ans (le 5 avril), puis un accord de partenariat stratégique (le 2 juin, lors du Forum économique international de Saint-Pétersbourg). Durant l'été 2019, NaturalGas-Stream, la co-entreprise qu'ils avaient créée à la fin de l'année 2016, annonce un plan d'investissement de 700 millions de dollars dans des travaux de prospection géologique et d'exploitation de gisements situés sur le plateau d'Oust-Ourt (nord-ouest du pays)[92], où les géants russe et ouzbékistanais du gaz mettent déjà en valeur le champ de Chakhpakhty. D'ailleurs, à l'occasion du Forum économique international de Saint-Pétersbourg du 25 mai 2018, Gazprom et Ouzbekneftegaz avaient signé un Accord complémentaire n°2 à leur Accord de partage de la production, prolongeant jusqu'à 2024 leur exploitation commune dudit gisement de Chakhpakhty. La collaboration gazière

expédiés en Russie. En 1973, une autre centrale, celle de Chevtchenkovskaïa, a été mise en service pour produire de l'électricité dans la ville kazakhstanaise d'Aktaou. Son réacteur à neutrons rapides BN-350 a également été démantelé après la chute de l'URSS (en 2001). Mentionnons enfin les silos dévolus au stockage des déchets nucléaires à Maïlouou-Souou et Min-Kouch (Kirghizstan), et à Khodjent et Tabochar (Tadjikistan).

[90] L'Ouzbékistan produit la majeure partie de son électricité à partir de ses réserves en gaz naturel. http://www.sfen.org/rgn/ouzbekistan

[91] https://www.gazprom.ru/press/news/2018/may/article432033/

[92] https://neftegaz.ru/news/gosreg/454804-khoroshiy-znak-pravitelstvo-uzbekistana-odobrilo-teo-po-krupnomu-proektu-gazproma-i-uzbekneftegaza/

entre la Russie et l'Ouzbékistan est donc loin de s'éteindre, en dépit même de la réactivation en parallèle de la coopération russo-turkménistanaise en la matière.

Lié à la Russie par un accord intergouvernemental conclu en 2003 sur une période de vingt-cinq ans, le Turkménistan était son fournisseur attitré de gaz naturel en Asie centrale, jusqu'à l'interruption des livraisons en 2016. À l'origine de la brouille : le désaccord entre Gazprom et Turkmengaz relativement au prix de vente de la ressource. Le 8 juin 2015, Gazprom soumet le différend à l'Institut d'arbitrage de la Chambre de commerce de Stockholm – qui fait autorité en matière de litiges commerciaux mettant aux prises d'anciens pays du Bloc de l'Est – avant de suspendre ses achats de gaz en janvier 2016, en parfaite contradiction avec l'accord intergouvernemental courant jusqu'en 2028. Le Turkménistan se tourne vers la Chine pour écouler sa production d'or bleu. Pékin profite de son monopole et des créances qu'elle détient sur Achkhabad (ouverture d'une ligne de crédit de 8 milliards de dollars en 2011, d'une autre pour un montant inconnu en 2013) pour lui imposer des prix dérisoires[93], aggravant la situation budgétaire de son économie rentière. Désireux de se sortir des griffes chinoises, le Turkménistan cherche alors à renouer avec son ancien partenaire en affaires. Aussi, et pour la première fois depuis 2011, son président, Gourbangouly Berdymoukhamedov, se rend en Russie, où Vladimir Poutine le reçoit à Sotchi le 1er novembre 2016. Le gaz est au centre des échanges. Les négociations s'accélèrent sensiblement après la signature par Gazprom et Turkmengaz, le 31 janvier 2019, d'un accord pour la levée de la procédure arbitrale. La reprise des ventes du gaz naturel turkménistanais à la Russie est actée le 15 avril, par la conclusion d'un contrat

[93] Durant les trois premiers trimestres de l'année 2016, la Chine achetait son gaz au Turkménistan pour un prix de 185 dollars/1 000 m^3. À titre de comparaison, son deuxième fournisseur le moins regardant en termes de prix, l'Australie, lui facturait le sien à 220 dollars/1 000 m^3. https://eurasianet.org/china-figures-reveal-cheapness-turkmenistan-gas

organisant la livraison quotidienne de 15 millions de m^3 sur une période de soixante-quinze jours. Finalement, le 1er juillet, les deux groupes signent un accord pérennisant ce contrat : courant jusqu'au 30 juin 2024, il prévoit en effet la livraison annuelle de 5,5 milliards de m^3 de gaz naturel[94]. Le prix de ce nouvel accord n'est pas précisé.

En revêtant son costume habituel de client privilégié du gaz turkménistanais, la Russie réalise un coup de maître. À l'heure où elle est en train de finaliser son projet Nord Stream 2 – gazoduc long de 1 200 km devant rallier l'Allemagne *via* la mer Baltique depuis Oust-Louga, avec une mise en service initialement programmée pour la fin de l'année 2019, mais repoussée à fin 2020-début 2021 du fait de nouvelles sanctions américaines[95] –, elle sécurise son marché stratégique en en détournant un sérieux rival potentiel. D'autant que, fort de l'accord sur le statut de la mer Caspienne conclu le 12 août 2018 à Aktaou (Kazakhstan), le Turkménistan a désormais les coudées franches pour concrétiser un projet de gazoduc reliant sa ville côtière de Turkmenbachy à la capitale azerbaïdjanaise Bakou, avec le marché européen en ligne de mire (*Trans-Caspian Gas Pipeline*, TCP). Dans un pays qui prohibe la double nationalité depuis 2003 (décision du président Saparmourat Niazov), la délivrance par le Service national des migrations, durant l'été 2019, de passeports aux binationaux s'étant vu reconnaître le bénéfice de la citoyenneté russe[96] laisse entendre que Moscou pourrait avoir imposé à Achkhabad d'autres conditions à la reprise de ses approvisionnements gaziers…

Le vent du changement semble également souffler sur la coopération militaire entre les deux pays. Depuis 2014, le

---

[94] https://www.gazprom.ru/press/news/2019/july/article483668/

[95] La porte d'entrée du projet initial Nord Stream – la ville de Vyborg – est quant à elle opérationnelle depuis 2011.

[96] https://rus.azathabar.com/a/30038501.html

territoire turkménistanais fait face à une recrudescence des tentatives d'incursions armées de la part des djihadistes massés dans le nord de l'Afghanistan, aboutissant à de sérieux accrochages à la frontière[97]. Face à cette situation, la Russie ne manque pas de motifs légitimes de préoccupation, depuis le déni obstiné opposé par les autorités turkménistanaises, qui contestent faire l'objet de telles attaques, aux réelles capacités d'intervention de leur armée (36 000 hommes), qui ne participe jamais aux exercices communs dans la région. En outre, le Turkménistan ne dispose pas d'un complexe militaro-industriel propre (à la différence du Kazakhstan, par exemple), ce qui le rend totalement dépendant de ses importations en matière d'armement. Des liens ont d'ailleurs existé dans ce domaine avec la Russie, qui lui avait cédé six BM-30 Smerch (lance-roquettes)[98], deux hélicoptères Mil Mi-17[99] et dix tanks T-90S[100], entre 2008 et 2012.

Face à l'urgence, la Russie propose son aide au Turkménistan afin de sécuriser ses 744 kilomètres de frontière commune avec l'Afghanistan. Durant la seule année 2016, la Fédération dépêche à Achkhabad ses ministres des Affaires étrangères Sergueï Lavrov (qui y inaugure une nouvelle ambassade le 27 janvier) et de la Défense Sergueï Choïgou (dont c'est la première visite au Turkménistan, le 9 juin). À chaque fois, le chef de l'État turkménistanais oppose une fin de non-recevoir. Néanmoins, la signature d'un traité de partenariat stratégique par les présidents Berdymoukhamedov et Poutine à Achkhabad le 2 octobre 2017 pourrait être annonciatrice d'un cercle vertueux de la coopération sécuritaire, d'autant que Moscou, qui a

---

[97] Michaël LEVYSTONE, « Russie – Turkménistan : la neutralité jusqu'à quand ? », *in* Arnaud DUBIEN (dir.), *Regards de l'Observatoire franco-russe 2017*, Éditions L'Inventaire, Paris, 2017, p. 93.

[98] https://vpk.name/news/17988_turkmeniya_kupit_u_rossii_shest_sistem_zalpovogo_ognya_smerch.html

[99] http://army.lv/ru/mi-17/356/17568

[100] https://lenta.ru/news/2012/02/14/t90/

accueilli une conférence internationale pour la paix en Afghanistan le 9 novembre 2018, demeure extrêmement attentive à ce qui se passe au sud de la frontière. Il sera intéressant de voir si le partenariat militaire entre Russes et Turkménistanais gagne effectivement en profondeur et en constance dans les mois à venir.

Quelque positives que puissent être toutes ces évolutions, il faut néanmoins garder à l'esprit que Tachkent comme Achkhabad restent animées d'un fort scepticisme institutionnel à l'égard de la Russie. Il n'est pas encore question pour elles, tant s'en faut, d'intégrer l'OTSC ou l'UEEA. Leur neutralité semble toujours de mise s'agissant des organisations régionales, vectrices de l'influence russe en Asie centrale.

CHAPITRE II

Les organisations régionales, modalités d'une influence polymorphe de la Russie sur l'Asie centrale

« Plus une organisation est large,
plus grand est le risque d'avoir de mauvais éléments. »
(Usamaru Furuya, *Le Cercle du suicide*)

Qu'elles soient à vocation militaire (OTSC), politico-sécuritaire (OCS) ou résolument économique (UEEA), les principales organisations internationales pilotées par la Russie en Asie centrale sont toutes vouées à assurer la continuation de liens privilégiés qui remontent à l'ère soviétique. Dans un monde de plus en plus multipolaire, elles cherchent à maintenir la Russie comme le centre régional de puissance et de décision.

1. L'Organisation du Traité de sécurité collective (OTSC), une mise sous cloche militaire mais aussi politique de l'Asie centrale

Le 15 mai 1992, l'Arménie, le Kazakhstan, le Kirghizstan, l'Ouzbékistan, la Russie et le Tadjikistan signent à Tachkent un Traité de sécurité collective (TSC), ayant pour objectif d'améliorer l'intégration militaire au sein de la CEI. En 1993, l'Azerbaïdjan, la Géorgie puis la Biélorussie se joignent au « Traité de Tachkent », qui entre en vigueur le 20 avril de l'année suivante. En 1999, l'Azerbaïdjan, la Géorgie et l'Ouzbékistan, refusant de signer le Protocole qui le prolonge pour cinq ans, se retirent du Traité[101]. À l'initiative de la Russie, le TSC s'institutionnalise le 7 octobre 2002 à Chisinau, où il donne naissance à l'Organisation du Traité de sécurité collective (OTSC), forte de six États membres : l'Arménie, la Biélorussie, le Kazakhstan, le Kirghizstan et le Tadjikistan, en plus de la Russie, donc. L'OTSC entre en vigueur le 18 septembre 2003. En froid avec les États-Unis suite à la crise d'Andijan[102], l'Ouzbékistan l'intègre en 2006, avant de s'en extraire en 2012.

Organisation à vocation militaire reposant sur un certain nombre de structures[103], l'OTSC s'assigne pour principales missions d'œuvrer à la paix et à la sécurité régionales, à la préservation de l'intégrité territoriale et de l'indépendance de ses États membres sur une base collective. Elle entend lutter contre l'extrémisme, le terrorisme et les différentes formes de menaces transnationales (trafics de drogue, d'armes, migrations illégales). Sous l'impulsion de Moscou, l'OTSC se dote progressivement de forces armées collectives, fournies par ses membres.

D'une part, ce sont des Forces de maintien de la paix (*Kollektivnye mirotvortcheskie sily,* KMS*)* qui voient le jour, à

---

[101] Ces trois États se regroupent avec l'Ukraine et la Moldavie dans un front commun anti-russe, dénommé GUUAM jusqu'en 2005, date du retrait de l'Ouzbékistan.

[102] Cf. note 80, p. 49.

[103] Un Conseil annuel réunit les chefs d'État membres pour prendre les décisions en matière de sécurité collective. Le Secrétariat de l'OTSC (situé à Moscou) assure la mise en œuvre des décisions prises au sein de l'Organisation. Des Conseils spécialisés – Conseils des ministres des Affaires étrangères et de la Défense, Commission des secrétaires des Conseils de sécurité – assument un rôle consultatif. Enfin, l'état-major unifié (lui aussi basé à Moscou), gère le commandement opérationnel et le suivi des Forces collectives de réaction rapide, tout autant qu'il émet des propositions pour renforcer la coopération militaire au sein de l'OTSC.

l'issue du Conseil de sécurité collective réuni à Douchanbé le 6 octobre 2007. Elles se composent de 3 000 soldats – dont le principal contingent est russe –, et de 600 collaborateurs détachés par les ministères de l'Intérieur des États parties au Traité de Tachkent. Le Kazakhstan y fournit un bataillon : Kazbat-2 (*Kazakhstanski mirotvortcheski batalion*). Elles organisent des exercices annuels[104] intitulés *Nerouchimoïe bratstvo* (« Fraternité indestructible »).

D'autre part, lors du sommet de Moscou du 4 février 2009, l'OTSC se voit dotée de Forces collectives de réaction rapide (*Kollektivnye sily operativnogo reaguirovania*, KSOR), constituées de près de 20 000 hommes. Les principaux contingents sont fournis par la Russie[105] et le Kazakhstan[106]. Le Kirghizstan[107] et le Tadjikistan[108] y contribuent également. Ces Forces collectives de réaction rapide procèdent aussi à des manœuvres annuelles, baptisées *Vzaïmodeïstvie* (Interaction).

Il convient de rappeler en outre que, le 25 mai 2001, dès avant la transformation du Traité de sécurité collective en Organisation, la Russie avait décidé, de concert avec le Kazakhstan, le Kirghizstan et le Tadjikistan, de mettre en place des Forces collectives de déploiement rapide pour la région centrasiatique (*Kollektivnye sily bystrogo razviortyvania Tsentralno-Aziatskogo reguiona*, KSBR TsAR). Elles s'appuient actuellement sur 5 000 hommes, auxquels il faut encore ajouter les dispositifs militaires russes au Kirghizstan et au

---

[104] Cf. *infra* : « Annexes : Liste non exhaustive d'exercices militaires réalisés par l'OTSC en Asie centrale », p. 144.

[105] La 98e Division Aéroportée de la Garde, la 31e Brigade d'Assaut Aérien, les brigades Zoubr (des forces anti-émeute, OMON) et Rys (des unités spéciales d'intervention rapide, OMSN), une unité du ministère fédéral des Situations d'urgence (brigade Leader). https://www.belvpo.com/4666.html/

[106] La 37e Brigade d'Assaut Aérien des Troupes Aéroportées et un bataillon de l'infanterie de marine. https://www.belvpo.com/4666.html/

[107] Un bataillon du ministère de la Défense et une unité spéciale d'intervention rapide du ministère de l'Intérieur. https://www.belvpo.com/4666.html/

[108] Un bataillon. https://www.belvpo.com/4666.html/

Tadjikistan[109], ainsi que des bataillons kazakhstanais, kirghizstanais et tadjikistanais.

Enfin, le 30 janvier 2013 à Astana (actuellement Nour-Soultan), les ministres de la Défense kazakhstanais Adilbek Djaksybekov et russe Sergueï Choïgou signaient un accord dotant leur pays d'une Défense aérienne unifiée dans le cadre de l'OTSC. Le 19 avril 2017, à l'issue d'une session de la Commission militaire de l'OTSC réunie à Minsk, le chef de l'état-major général des forces armées russes, Valéri Guerassimov, a annoncé la mise en place d'un système de défense aérienne unifiée pour la région centrasiatique, incluant le Kirghizstan et le Tadjikistan[110].

Quels intérêts concrets l'OTSC présente-t-elle pour les Républiques d'Asie centrale concernées et pour la Fédération de Russie ?

Le statut de membre de l'OTSC ouvre au Kazakhstan, au Kirghizstan et au Tadjikistan la possibilité d'acquérir auprès de la Russie des armements sur la base de tarifs préférentiels, si ce n'est à titre gratuit[111]. Par ailleurs, les obligations d'assistance (article 2 du Traité de Tachkent) et surtout de défense collectives (article 4)[112] qu'impose l'Organisation en cas d'agression

---

[109] Cf. *supra* : « Kirghizstan, Tadjikistan : les partenaires secondaires », p. 43.

[110] https://eadaily.com/ru/news/2017/04/19/centralno-aziatskiy-region-voydet-v-edinuyu-sistemu-pvo-odkb

[111] Cf. *supra* : « Kazakhstan, l'allié stratégique », p. 35 ; « Kirghizstan, Tadjikistan : les partenaires secondaires », p. 42.

[112] « Toute agression sous la forme d'une attaque armée constituant une menace pour la sécurité, la stabilité, l'intégrité territoriale et la souveraineté dirigée contre l'un des États membres sera considérée comme une agression contre tous les autres États membres du présent Traité. En cas d'agression contre l'un quelconque des États membres, tous les autres, à la demande de celui-ci, lui fourniront immédiatement l'aide nécessaire, y compris militaire [...] ». Le texte est disponible en russe à l'adresse suivante : https://odkb-csto.org/documents/documents/dogovor_o_kollektivnoy_bezopasnosti/

contre l'un quelconque de ses États membres constituent pour ces régimes une garantie face aux risques de déstabilisation extérieurs à la CEI[113]. C'est ce qui a présidé au spectaculaire revirement ouzbékistanais de 2006, fût-il provisoire. En revanche, ces clauses sont inopérantes pour les crises purement intérieures[114].

Quant à la Russie, l'OTSC lui sert non seulement à pérenniser ses installations militaires héritées de l'URSS au Kazakhstan, au Kirghizstan et au Tadjikistan[115], mais encore à y maintenir les régimes en place. Moscou mise en effet sur la stabilité dans une région où elle ne tient pas à voir se répéter les scénarios des « révolutions de couleur » de l'espace post-soviétique – Géorgie (2003)[116], Ukraine (2004)[117] et Kirghizstan (2005)[118] – ou du printemps arabe de 2011[119].

---

[113] Cette solidarité de l'OTSC induit au premier chef le soutien militaire de la Russie, qui dissuade les puissances occidentales d'utiliser la contestation populaire contre l'élection présidentielle du 9 août 2020 en Biélorussie pour renverser le régime d'Alexandre Loukachenko (cf. note 279, p. 131), tout autant que la Turquie d'attaquer l'Arménie dans le cadre du conflit qui oppose cette dernière dans le Haut-Karabakh à l'Azerbaïdjan – qu'Ankara soutient néanmoins par l'envoi de conseillers militaires, équipements de pointe (avions de combat de fabrication américaine F-16) et autres mercenaires en provenance de Syrie (cf. note 280, pp. 131-132).

[114] Cf. les émeutes kirghizo-ouzbèkes d'Och de l'été 2010, à propos desquelles Nikolaï Bordiouja, secrétaire général de l'OTSC au moment des faits, avait rejeté l'idée d'une intervention militaire au Kirghizstan.

[115] Cf. *supra* : « Kazakhstan, l'allié stratégique », p. 35 ; « Kirghizstan, Tadjikistan : les partenaires secondaires », p. 43.

[116] Le 2 novembre 2003, des élections législatives entachées de fortes irrégularités tournent à l'avantage du président Édouard Chevardnadze. Mikheïl Saakachvili, vainqueur auto-proclamé de ce scrutin et candidat anti-corruption soutenu par Washington, réclame la démission du chef de l'État, qui intervient le 23 novembre. Saakachvili est élu président de la République de Géorgie le 4 janvier 2004.

[117] Le 21 novembre 2004, le candidat pro-russe Viktor Ianoukovitch est déclaré vainqueur du second tour de l'élection présidentielle. De forts soupçons de fraudes pèsent sur ce scrutin contesté par son adversaire, Viktor Iouchtchenko,

L'échec de l'opération *Enduring Freedom* lancée en Afghanistan au lendemain des attentats du 11 septembre 2001 a discrédité les États-Unis sur le plan militaire en Asie centrale. *A contrario*, forte de son intervention en Syrie à partir de l'automne 2015, la Russie fait figure d'« acteur stratégique

---

dont la campagne est financée par les États-Unis. Le surlendemain, une immense manifestation est organisée sur la place Maïdan à Kiev, avec pour symbole la couleur du parti de Iouchtchenko : le orange. Un nouveau scrutin se tient le 26 décembre 2004, dont Iouchtchenko ressort cette fois vainqueur.

[118] Les élections législatives organisées au Kirghizstan les 27 février et 13 mars 2005, et remportées de manière illicite par le président, vont précipiter sa chute, comme ce fut le cas en Géorgie. Les États-Unis soutiennent les manifestants hostiles à Askar Akaïev, qui prennent d'assaut les sièges de la présidence et du gouvernement à Bichkek le 24 mars. C'est depuis Moscou, à l'ambassade du Kirghizstan en Russie, que le chef de l'État signe sa lettre de démission, le 4 avril. Lui succède Kourmanbek Bakiev, qui remporte haut la main l'élection présidentielle organisée le 10 juillet 2005, non sans s'être préalablement emparé des pleins pouvoirs, dès le 24 mars.

[119] Le 17 décembre 2010, Mohamed Bouazizi, un jeune vendeur ambulant, s'immole pour protester contre la saisie de sa marchandise par la police à Sidi Bouzid (Tunisie). Ce geste de désespoir pour dénoncer la corruption et les difficultés économiques crée une onde de choc dans le pays tout entier, puis dans l'ensemble du monde arabe où, en l'espace de quelques mois, nombre de dirigeants autoritaires sont chassés du pouvoir : Zine el-Abidine Ben Ali en Tunisie (le 14 janvier 2011), Hosni Moubarak en Égypte (le 11 février), Mouammar Kadhafi en Libye (le 23 août), Ali Abdallah Saleh au Yémen (le 25 février 2012). En Syrie, le régime de Bachar el-Assad réprime dans le sang les protestations populaires qui essaiment au printemps 2011. Rapidement mis au ban de la communauté internationale, à la tête d'un État ravagé, disloqué et en faillite, le dictateur syrien doit son maintien au pouvoir à l'intervention militaire de Vladimir Poutine dans son pays à partir du 30 septembre 2015, ainsi qu'à l'indéfectible soutien russo-chinois dont il bénéficie au Conseil de sécurité des Nations unies. S'étant considérées trahies par la tournure des événements en Libye – où la résolution 1973 adoptée par le Conseil de sécurité le 17 mars 2011 devait instaurer un régime d'exclusion aérienne pour protéger la population civile, et certainement pas conduire au lynchage de Mouammar Kadhafi aux abords de Syrte –, Moscou et Pékin font, depuis lors, systématiquement échec à la moindre tentative de la plus haute instance onusienne d'action ou de condamnation contre Damas.

crédible »[120] capable, sous couvert d'une structure collective, de faire rempart aux menaces politiques (*regime change*) et sécuritaires (chaos afghan) pesant sur la région. Ceci est d'autant plus remarquable que les opinions publiques en Asie centrale s'inquiètent de la propension de Moscou à attiser les velléités sécessionnistes dans l'espace postsoviétique. Les récents précédents abkhaze et sud-ossète[121], ainsi que ceux de Donetsk et Lougansk[122], sont encore dans toutes les mémoires.

---

[120] David TEURTRIE, *Ibid.*, p. 6.

[121] Dans la nuit du 7 au 8 août 2008, la Géorgie attaque sa province séparatiste d'Ossétie du Sud, soutenue par la Russie, qui s'interpose rapidement. Une autre province séparatiste, l'Abkhazie, en profite pour entrer en guerre contre Tbilissi. La médiation de Nicolas Sarkozy, président de l'UE au moment de cette crise, aboutit à la signature d'un cessez-le-feu entre les belligérants, le 16 août. Dix jours plus tard, la Russie reconnaît officiellement l'indépendance des Républiques auto-proclamées d'Ossétie du Sud (capitale Tskhinvali) et d'Abkhazie (Soukhoumi).

[122] Le 21 novembre 2013, Viktor Ianoukovitch, qui avait succédé à Viktor Iouchtchenko à la tête de l'État ukrainien en 2010, se retire unilatéralement de l'accord d'association avec l'UE, malgré des années de négociations. Trois jours plus tard, les pro-Européens organisent les plus importantes manifestations que la place Maïdan ait connues depuis la Révolution orange. La répression est brutale, conduisant à une escalade des violences. Le 21 février 2014, Viktor Ianoukovitch s'exile en Russie. Il est destitué le lendemain par la Rada (le Parlement ukrainien), qui nomme son chef, Oleksandre Tourtchinov, à la tête de l'État, dans l'attente de l'élection présidentielle anticipée du 25 mai 2014, dont sort vainqueur Petro Porochenko (qui signera l'accord d'association avec l'UE le 27 juin). Entre-temps, des mouvements anti-Maïdan pullulent dans la région du Donbass (est du pays) et en Crimée (sud). Cette dernière organise le 16 mars 2014 un référendum local en faveur du rattachement à la Russie. Le 21, au Kremlin, Vladimir Poutine complète ce processus, signant une loi dotant la Fédération de Russie de deux entités administratives supplémentaires : la République de Crimée et la ville à statut fédéral de Sébastopol. Quant aux manifestations pro-russes du Donbass, elles évoluent en insurrection armée contre le gouvernement ukrainien, avant de donner lieu à la proclamation d'indépendance de deux Républiques populaires à Donetsk et à Lougansk (référendum d'auto-détermination du 11 mai). Kiev tente de faire retomber ces territoires perdus dans son escarcelle, mais son armée est contrainte de reculer face aux insurgés, militairement soutenus par Moscou, selon toute vraisemblance. Le 5 septembre 2014, les dirigeants

Sur le plan fonctionnel, l'OTSC n'a jamais dévié de sa vocation originelle, à l'inverse de l'Organisation de coopération de Shanghai (OCS), qui n'a eu de cesse de s'externaliser.

2. L'Organisation de coopération de Shanghai (OCS), un front uni surtout contre les menaces sécuritaires régionales

Créée le 15 juin 2001, l'Organisation de coopération de Shanghai (OCS) succède au « Groupe de Shanghai », forum de rencontres informelles entre pays voisins en vue de répondre à trois menaces clairement identifiées : l'extrémisme religieux, le séparatisme ethnique et le terrorisme. Elle en regroupe les cinq participants – Chine, Kazakhstan, Kirghizstan, Russie et Tadjikistan –, rejoints par l'Ouzbékistan. Le 9 juin 2017, l'OCS accueille deux nouveaux membres de poids : l'Inde et le Pakistan. L'Iran participe à ses travaux en qualité d'État observateur depuis 2005.

Seule structure plaçant *ab initio* une autre grande puissance face à la Russie en Asie centrale, l'OCS est une organisation multicarte, pluridimensionnelle. À ses débuts, elle se focalise sur les questions de sécurité régionale. Une convergence de vues stratégiques rapproche la Russie et la Chine, qui perçoivent l'Asie centrale nouvellement indépendante comme une menace commune pour leur propre stabilité intérieure. Moscou redoute une contagion des maux qui rongent alors la région prise au sens large. La guerre civile fait rage au Tadjikistan depuis 1992. De l'autre côté de la frontière, les Talibans

---

français, allemand, ukrainien et russe se réunissent dans la capitale biélorusse Minsk pour tenter de trouver une issue au conflit, mais le cessez-le-feu ne tient pas. Un nouvel accord scellé le 12 février 2015 (« Minsk II », cf. note 38, p. 36) a plus d'effets, même si les combats ne cessent pas totalement sur le terrain.

s'emparent du pouvoir à Kaboul en 1996[123]. Des attentats sont perpétrés par le Mouvement islamique d'Ouzbékistan (MIO) dans la vallée de Fergana, ainsi qu'à Tachkent, où c'est le président Karimov en personne qui est visé en 2000. De son côté, Pékin souhaite rompre les liens unissant les communautés ouïghoures d'Asie centrale à celles vivant au Xinjiang[124]. Aussi, entre la fin des années 1990 et le début de la décennie 2010, la Chine mène une politique de bon voisinage dans la région, qui lui permet de normaliser ses différends frontaliers tour à tour avec le Kazakhstan, le Kirghizstan et le Tadjikistan[125]. La

[123] Isabelle FACON, « L'Organisation de coopération de Shanghai. Ambitions et intérêts russes », *Le Courrier des Pays de l'Est*, 2006/3 (n°1055), p. 27. http s://www.cairn.info/revue-le-courrier-des-pays-de-l-est-2006-3-page-26.htm#

[124] Cf. *infra* : « Quand la Chine s'éveille », p. 101.

[125] Le 4 juillet 1998, la Chine et le Kazakhstan signent un traité qui délimite leur frontière de plus de 1 000 km, et départage leur souveraineté sur deux territoires en litige : le premier, de 680 km², situé dans les passes de Baïmourza et de Tchagan-Obo, est attribué à 70 % à la Chine ; le second, de 380 km², à proximité de la rivière Sary-Tcheldy, revient à 70 % au Kazakhstan. Dans la foulée, la Chine conclut un accord de coopération économique sur quinze ans avec le Kazakhstan et s'engage à investir dans les projets d'aménagement de la nouvelle capitale ainsi que dans l'exploitation des gisements pétroliers kazakhstanais. Pékin s'assure en prime le soutien d'Astana (désormais Nour-Soultan) dans la politique qu'elle mène pour contrer le séparatisme ouïghour. Le différend frontalier sino-kirghizstanais est quant à lui réglé par deux accords principaux, signés le 4 juillet 1996 et le 26 août 1999. Ils organisent le transfert de 70 % du mont Khan Tengri en faveur du Kirghizstan, et, en sens inverse, du col de Bedel, un territoire de 9 km² situé dans le bassin du lac Ouzengui Kououch. Après le renversement du président Askar Akaïev en 2005, le Kirghizstan conteste ces accords. Une déclaration conjointe des présidents Kourmanbek Bakiev et Hu Jintao en date des 9 et 10 juin 2006 met un point final à ces revendications, jugeant les différends frontaliers entre Pékin et Bichkek définitivement résolus. Enfin, par un accord du 12 janvier 2011, le Tadjikistan consent à céder à la Chine un territoire de 1 100 km² situé dans le Pamir, reléguant plus d'un siècle de querelles frontalières aux oubliettes. Voir : Evgueni SAVKOVITCH, "Pogranitchnoïe ouregoulirovanie na zapade KNR v 1990-2000 gg. (Kazakhstan, Kyrguyzstan, Tadjikistan)" [« Normalisation des conflits frontaliers à l'ouest de la République populaire de Chine dans les années 1990 et 2000 (Kazakhstan, Kirghizstan, Tadjiki-

vocation sécuritaire de l'OCS se manifeste également à travers la lutte antiterroriste, avec la création en 2003 d'un centre régional spécialisé à Bichkek (relocalisé l'année qui suit à Tachkent), ou encore l'organisation régulière d'exercices militaires à but antiterroriste[126].

Progressivement, l'OCS diversifie son champ de compétences, la Chine et la Russie tendant à l'utiliser comme une tribune diplomatique anti-américaine. Il faut se souvenir du contexte international dans lequel le Groupe de Shanghai puis l'OCS voient le jour. Une succession d'événements catalysent les rancœurs chinoises et russes vis-à-vis des États-Unis. Il s'agit, d'un côté, de la troisième crise du détroit de Taïwan (1995-1996) et du bombardement accidentel par deux avions furtifs américains B-2 de l'ambassade de Chine en Serbie (1999) ; et de l'autre, de la guerre du Kosovo (1998-1999) et des élargissements successifs de l'OTAN vers l'est (Hongrie, Pologne et République tchèque en 1999 ; Bulgarie, Estonie, Lettonie, Lituanie, Roumanie, Slovaquie et Slovénie en 2004 ; porte ouverte à la Géorgie et à l'Ukraine lors du sommet de Bucarest en 2008)[127]. Face à l'unilatéralisme américain marqué depuis 1991 par des interventions en ex-Yougoslavie, en Somalie, puis en Irak, les États membres de l'OCS font front commun pour défendre et promouvoir un mode de gestion et de résolution alternatif des conflits. Ils rejettent les critiques de Washington quant à leur gouvernance et à leur traitement des questions intéressant leur sécurité intérieure. C'est ce qui expli-

---

stan) »], revue Istoria, 26 janvier 2010, pp. 86-92. https://cyberleninka.ru/article/n/pogranichnoe-uregulirovanie-na-zapade-knr-v-1990-2000-e-gg-kazahstan-kyrgyzstan-tadzhikistan

[126] On peut par exemple citer « Mission pour la paix – 2007 ». Organisé dans la région de Tcheliabinsk (Russie), cet exercice a réuni tous les États membres de l'époque, dans le cadre d'un scénario de type « révolution de couleur ». Thierry KELLNER, « La Chine, l'Organisation de coopération de Shanghai et les "révolutions colorées" », *Hérodote 2008/2* (n°129), p. 181. https://www.cairn.info/revue-herodote-2008-2-page-167.htm#

[127] Isabelle FACON, *Ibid.*, p. 29.

que le soutien de l'Organisation à la politique menée par la Chine au Xinjiang et au Tibet, à celle conduite par la Russie en Tchétchénie, ou à l'accentuation de l'autoritarisme en Asie centrale à la suite des « révolutions de couleur » et de la crise d'Andijan[128]. Le paroxysme de la rhétorique anti-occidentale de l'OCS est sans doute atteint le 5 juillet 2005, à l'occasion du sommet d'Astana (aujourd'hui Nour-Soultan). La Déclaration conjointe qu'y adoptent les chefs d'État enjoint expressément les États-Unis et l'OTAN d'arrêter un calendrier quant au retrait de leurs troupes stationnées dans la région pour les besoins de la guerre qui les accapare alors en Afghanistan[129].

Néanmoins, hormis l'évacuation dans la foulée de la base américaine de Karchi-Khanabad (Ouzbékistan), il faut bien noter que les positions arrêtées dans le cadre de l'OCS ne se traduisent pas nécessairement, dans les faits, par un suivisme aveugle de la part des États d'Asie centrale. Le cas du Kazakhstan est, de ce point de vue, tout à fait éloquent. Apôtre d'une diplomatie multi-vectorielle vouée à l'extirper d'une dépendance trop forte envers la Russie et la Chine, le pays va même jusqu'à présider en 2010 une structure de dialogue et de concertation entre l'Occident et l'Orient : l'Organisation de sécurité et de coopération en Europe (OSCE). Autre contre-exemple : le Kirghizstan. Ce pays présente la particularité notable en Asie centrale d'être le seul à avoir simultanément accueilli, à un moment donné de son histoire, des bases militaires russe (Kant) et américaine (Manas). Le 23 juin 2009, le gouvernement kirghizstanais prolonge d'une année supplémentaire le contrat de location de la base de Manas aux États-Unis, nonobstant l'hostilité manifestée par Moscou – les troupes américaines finiront par quitter les lieux durant l'été 2014. Enfin, une initiative intéressante mise en place par les

---

[128] Dans cette logique, un nouveau concept de « sécurité de l'information » est consacré lors du sommet de 2006, visant à restreindre l'utilisation d'Internet à des fins terroristes ou pour déstabiliser les régimes locaux.

[129] Cf. *infra* : « Annexes : Principaux sommets de l'OCS », p. 145.

États-Unis en Asie centrale mérite d'être ici soulignée : il s'agit du « C5+1 ». Lancé en 2015, durant la première tournée jamais effectuée par un secrétaire d'État américain – en la personne de John Kerry – à travers les cinq pays d'Asie centrale, ce format de rencontres entre les chefs des diplomaties américaine et centra-siatiques s'est depuis tenu chaque année : en 2016 à Washington, en 2017 à New York, en 2018 à Almaty et Tachkent, en 2019 à Nour-Soultan. Ces réunions, qui, curieusement, ne sont pas sans évoquer celles du Groupe de Shanghai en leur temps, sont consacrées à diverses thématiques : contre-terrorisme, énergies renouvelables, ou encore développement du secteur privé sur les marchés locaux.

Les questions d'ordre économique constituent précisément le dernier axe d'extension de l'OCS, où elles s'invitent de plus en plus fréquemment à l'ordre du jour de ses réunions. Le 26 octobre 2005, l'OCS se dote d'un Consortium interbancaire comprenant entre autres le groupe russe Vnechekonombank et les Banques de développement chinoise et kazakhstanaise. Le Consortium interbancaire de l'OCS vise à financer les projets d'investissement conduits par les gouvernements des États membres de l'Organisation[130]. Par ailleurs, en 2006, un Conseil des Affaires est créé aux fins d'« encourager la coopération économique multilatérale » et d'« harmoniser les législations nationales en matière de commerce »[131]. Deux secteurs d'activité sont plus spécifiquement ciblés : l'énergie et les infrastructures de transport. Dans cette perspective, un Club énergétique de l'OCS est institué, également en 2006, pour jeter un pont entre les États producteurs (Iran, Kazakhstan, Ouzbékistan, Russie) et les États consommateurs d'hydrocarbures (Chine, Inde, Kirghiz-stan, Pakistan, Tadjikistan). La coordination des stratégies éner-gétiques, des programmes de développement et des plans

---

[130] http://en.sco-russia.ru/cooperation/20140905/1013179625.html

[131] Michel BRUNEAU, *L'Eurasie. Continent, empire, idéologie ou projet*, Paris, CNRS Éditions, 2018, pp. 293-4.

d'investissement des États membres de l'OCS, l'établissement de mesures pour la sécurité énergétique collective ainsi que le développement des infrastructures de transport dans le domaine énergétique font partie de ses attributions. L'OCS travaille également sur les voies de communication en Asie centrale, à l'instar d'un projet de liaison ferroviaire devant relier les villes de Kachgar (Xinjiang), Erkech-Tam, Och (Kirghizstan) et Andijan (Ouzbékistan). Coût estimé de l'opération : plus de 6,5 milliards de dollars.

La Chine a cherché à surfer sur la vocation naissante de l'OCS dans le domaine économique pour favoriser une plus grande intégration avec les pays d'Asie centrale. C'est dans cette perspective que son vice-ministre du Commerce, Qian Keming, a proposé en 2016 la création d'une banque de développement de l'OCS[132]. L'objectif ultime poursuivi par Pékin était de mettre en place une authentique zone de libre-échange dans la région. Cette ambition s'est cependant heurtée au refus de Moscou, que mobilisait déjà un projet concurrent en Asie centrale.

3. L'Union économique eurasiatique (UEEA), une intégration à reculons

Le 29 mars 1994, lors d'un discours prononcé à l'Université d'État Lomonossov de Moscou, Noursoultan Nazarbaïev plaide en faveur de « la création d'une Union eurasiatique des États »[133]. Cette intervention du chef de l'État kazakhstanais marque le point de départ du projet d'intégration le plus ambitieux jamais entrepris par la Russie au sein de l'espace postsoviétique : l'Union économique eurasiatique (UEEA).

Celle-ci se met sur pied de manière progressive. En 2007, la Russie, le Kazakhstan et la Biélorussie signent un accord portant création d'une Union douanière, qui entre en vigueur en

---

[132] https://nation.com.pk/23-Oct-2016/china-proposes-sco-development-bank

[133] *Evraziïski soïouz gossoudarstv* (EAS), en russe.

2010. Deux ans plus tard, les trois pays établissent un Espace économique commun, ainsi que les premières institutions supranationales, ouvertement inspirées du modèle européen : une Commission économique eurasiatique avec son collège de commissaires, un Conseil économique eurasiatique suprême réunissant une fois par an les chefs de ses États membres. Le traité créant officiellement l'UEEA est signé à Astana (aujourd'hui Nour-Soultan) par les présidents russe Vladimir Poutine, kazakhstanais Noursoultan Nazarbaïev et biélorusse Alexandre Loukachenko le 29 mai 2014. Opérationnelle le 1er janvier 2015, l'Union voit l'Arménie la rejoindre le lendemain, puis le Kirghizstan, le 12 août. Le 1er janvier 2018, le Code douanier de l'UEEA entre en vigueur[134]. Le 11 décembre 2020, sur décision du Conseil économique eurasiatique suprême, l'Ouzbékistan et Cuba sont officiellement admis en tant qu'États observateurs auprès de l'UEEA, grossissant ainsi les rangs formés par la Moldavie depuis le 14 mai 2018[135].

Dès l'origine, les dirigeants perçoivent l'UEEA comme un outil de développement économique et de diversification industrielle[136] pour leurs États, et un moyen de réduire leur dépendance envers les prix des matières premières. L'intégration économique doit accroître les échanges et générer de l'emploi[137].

---

[134] Cf. *infra* : « Annexes : Étapes clés de l'évolution institutionnelle de l'UEEA », p. 146.

[135] https://ria.ru/amp/20201211/status-1588759710.html

[136] Tel est l'esprit qui anime la Stratégie 2020, élaborée par la Russie en 2007. Julien VERCUEIL, « Trajectoires économiques en Asie centrale : entre Union Économique Eurasiatique, crise russe et nouvelles routes de la soie », séminaire de l'Institut français d'études sur l'Asie centrale (IFEAC), Bichkek, 18 février 2017, p. 3. Le PDF est disponible à l'adresse suivante : https://ifeac.hypotheses.org/files/2017/03/Texte_J_Vercueil_Union-Économique-Eurasiatique.pdf

[137] Depuis 2016, la capitale de l'un des États membres de l'UEEA accueille chaque année un forum d'affaires international. La « Semaine eurasiatique »

Par-delà ces aspirations communes, des motivations propres animent les uns et les autres. Des pays comme le Kirghizstan et le Tadjikistan – lequel n'est à ce jour que candidat à l'Union – sont mus par la volonté de mener avec la Russie un dialogue moins déséquilibré au sein d'une enceinte multilatérale qu'il ne l'est dans une configuration strictement bilatérale. Le régime sans visa permettant de sécuriser la situation des travailleurs émigrés kirghizstanais et tadjikistanais en Russie, avec les conséquences que l'on sait sur la stabilité intérieure des deux États[138], constitue un autre argument de poids en faveur de leur adhésion[139]. De surcroît, le Kirghizstan s'est vu promettre une aide économique de 1,2 milliard de dollars par la Russie, ainsi que des investissements dans les domaines du gaz (Gazprom) et de l'électricité (Inter RAO).

Le Kazakhstan, pour sa part, cherche à circonscrire son intégration avec la Russie à une dimension purement économique. Le 3 octobre 2011, Vladimir Poutine, alors Premier ministre, publie une tribune dans les colonnes du quotidien russe *Izvestia*, où il livre sa vision de l'« Union eurasiatique » à naître[140]. Le 25, le président Nazarbaïev lui répond dans le même journal,

---

consiste en une plateforme B2B pour favoriser les investissements et la consommation au sein du marché commun.

[138] Cf. *supra* : « Kirghizstan, Tadjikistan : les partenaires secondaires », pp. 46-47.

[139] L'économiste spécialiste de la Russie et de l'espace postsoviétique Julien Vercueil juge que l'adhésion à l'UEEA « est aussi un passage obligé pour éviter les mesures de rétorsion du partenaire russe, qui n'ont pas manqué de s'appliquer aux anciennes républiques soviétiques tournant le dos à ses projets – pays baltes, Moldavie, Géorgie et, bien sûr, Ukraine ». Julien VERCUEIL, « L'Union économique eurasiatique vue d'Asie centrale et de Moscou », *in* Serge SUR (dir.), *L'Asie centrale. Grand Jeu ou périphérie*, Questions internationales n°82, La Documentation française, Paris, novembre-décembre 2016, pp. 59-60.

[140] "Novy integratsionny proïekt dlia Evrazii – boudouchtcheïe, kotoroïe rojdaïetsia segodnia" [« Le nouveau projet d'intégration pour l'Eurasie, c'est un futur qui est déjà en train de naître »], *Izvestia*, 3 octobre 2011. https://iz.ru/news/502761?page=2

tenant la future structure pour « une union d'États reposant sur des principes d'égalité, de non-ingérence mutuelle dans les affaires intérieures, de respect de la souveraineté et de l'intangibilité des frontières »[141]. Et de conclure : « [...] j'ai proposé la création d'organismes supranationaux agissant sur la base d'un consensus et dans l'intérêt des États membres, avec des attributions propres [...]. Mais cela ne signifie en rien un quelconque transfert de souveraineté politique ». Si le message semble parfaitement entendu par Moscou – l'ajout du qualificatif « économique » au vocable originellement usité par Poutine étant tout sauf somptuaire –, l'annexion russe de la Crimée en 2014 ravive néanmoins les craintes d'Astana (aujourd'hui Nour-Soultan) quant au risque de voir l'UEEA dégénérer en une organisation politique au service des velléités impérialistes du Kremlin dans l'espace postsoviétique. Sur un plan strictement économique maintenant, on peut s'interroger sur l'intérêt du Kazakhstan à rejoindre l'UEEA, dont l'entrée en vigueur en 2015 engage le pays dans une politique douanière aberrante. Le Kazakhstan doit ainsi renchérir ses taxes avec les pays tiers[142], ce qui aboutit à une augmentation des prix sur le marché intérieur. Il ôte également ses barrières douanières intra-zone, exposant par là même ses producteurs à la concurrence de leurs homologues russes, notamment dans le secteur stratégique des hydrocarbures[143].

Quant à la Russie, elle entend employer les vecteurs d'interdépendance économique ayant survécu à la chute de l'URSS

---

[141] "Evraziïski Soïouz: ot ideïi k istorii boudouchtchego" [« L'Union eurasiatique : d'une idée à l'histoire du futur »], *Izvestia*, 25 octobre 2011. https://iz.ru/news/504908

[142] Avant de les réduire, suite à son adhésion à l'Organisation mondiale du commerce (OMC) en juillet 2015. Ceci « remet en cause l'existence même du tarif extérieur commun » au sens de l'Union douanière. David TEURTRIE, « Union économique eurasiatique : poursuite de l'intégration malgré les tensions », *in* Arnaud DUBIEN (dir.), *Regards de l'Observatoire franco-russe 2017*, Éditions L'Inventaire, Paris, 2017, p. 95.

[143] Cf. *infra*, p. 75.

(infrastructures de transport et d'énergie) à la conservation de son *leadership* d'avant 1991. Aux empiètements successifs de l'Union européenne sur son flanc ouest, et surtout à l'irrésistible montée en puissance économique de la Chine en Asie centrale depuis le début des années 2000[144], la Russie oppose des mesures protectionnistes – barrières douanières, tarif extérieur commun – pour verrouiller la région. Elle propose à ses partenaires un marché intérieur qui leur octroie un traitement préférentiel et qui la consacre comme le centre géoéconomique régional.

Cette place prépondérante occupée par la Russie, pour ne pas dire cette forte asymétrie en sa faveur, est précisément ce qui frappe, de prime abord, dans cette Union économique eurasiatique. Le PIB russe est à lui seul contributeur de 80 % des richesses produites par l'Union. Le deuxième plus gros marché de l'UEEA, le Kazakhstan, ne compte guère que 18 millions de consommateurs, loin derrière les quelque 146 millions de Russes. En 2019, la Russie pèse lourd dans les commerces extérieurs de l'Arménie (29 %), de la Biélorussie (49,2 %), du Kazakhstan (20,5 %) et du Kirghizstan (23,8 %). Ils présentent chacun un solde commercial déficitaire vis-à-vis de leur principal partenaire au sein de l'Union[145].

Ce russo-centrisme structurel soulève des interrogations autour de l'avenir de l'UEEA. Erevan, Minsk, Nour-Soultan et Bichkek sont engluées dans une dépendance accrue vis-à-vis du rouble[146]. Les sanctions occidentales ciblant l'économie russe

---

[144] Cf. *infra* : « Quand la Chine s'éveille », pp. 101-102.

[145] Ces déficits commerciaux face à la Russie sont de -902 millions de dollars pour l'Arménie, -8,4 milliards de dollars pour la Biélorussie, -8,5 milliards pour le Kazakhstan, -1,1 milliard pour le Kirghizstan, selon les Commissions pour les statistiques nationales de ces pays et la Commission économique eurasiatique. http://www.eurasiancommission.org/ru/act/integr_i_makroec/dep_stat/tradestat/tables/intra/Pages/2019/12.aspx

[146] Le rouble a une part prépondérante dans le commerce extérieur de la Russie avec l'UEEA. En 2019, il représente 72,9 % des exportations et 81 % des importations réalisées par la Russie. Ceci étant, ces chiffres sont très

n'étant visiblement pas près de s'estomper, pas davantage qu'une monnaie commune n'est sur le point de voir le jour au sein de l'Union, l'incertitude persistante sur la variation des taux de change et la fragilité de ces marchés face aux aléas des cours mondiaux des hydrocarbures posent question quant à la pertinence macro-économique du projet. Son volet micro-économique est lui-même sujet à réflexion. Selon l'économiste belge Jean-Christophe Defraigne, la viabilité de tout projet d'intégration régionale digne de ce nom repose sur les investissements directs étrangers (IDE) que ses différents États sont prêts à consentir chez leurs partenaires. Prenant l'exemple des sociétés américaines qui s'étaient économiquement engagées dans les *maquiladoras* mexicaines durant les années 1990, il démontre que les délocalisations d'entreprises vers des marchés disposant d'une main-d'œuvre flexible et peu onéreuse aboutissent à créer des dynamiques micro-économiques, que les Anglo-Saxons qualifient de *bottom-up*. Ce sont ces flux « du bas vers le haut » qui portent pour ainsi dire l'intégration régionale. En clair, si l'on transpose ce schéma au cas concret de l'UEEA, les sociétés russes sont censées investir dans les autres marchés, par exemple au Kirghizstan. Or, la distance géographique, l'état des infrastructures sur place ou encore la disponibilité, justement permise par l'Espace économique com-

---

légèrement inférieurs à ceux de 2018, où 73,6 % des exportations et 83,9 % des importations russes au sein de l'UEEA avaient été payées en roubles. Cette diminution du poids du rouble dans le règlement des échanges intra-zone de la Russie s'explique par la concurrence d'autres devises : le tenge kazakhstanais (passé de 1 à 1,9 %) dans le sens des exportations ; l'euro (de 2,7 à 2,9 %) et surtout le dollar (de 13,1 à 15,1 %) dans celui des importations. Se reporter au rapport publié par la Banque eurasiatique de développement (*Evraziïski bank razvitia*, EABR), "Osnovnye tendentsii integratsionnogo razvitia Rossii v 2019 g." [« Les principales tendances pour le développement de l'intégration de la Russie en 2019 »], pp. 31-32, disponible à l'adresse suivante : https://eabr.org/analytics/integration-research/cii-reports/osnovnye-tendentsii-integratsionnogo-razvitiya-rossii-v-2019-g/

mun, de la main-d'œuvre kirghizstanaise sur le territoire russe découragent *de facto* cette politique d'investissement[147].

Il est d'autres éléments qui interpellent, à commencer par l'absence de tout marché commun de l'énergie au sein de l'UEEA. Les combustibles minéraux et les produits pétro-gaziers pèsent pourtant 22 % des échanges intra-régionaux réalisés sur l'année 2019[148]. Quant aux projets majeurs que finance l'Union, notamment en Asie centrale, ils concernent tous le secteur énergétique. C'est ainsi qu'au Kazakhstan, la Banque eurasiatique de développement investit dans la modernisation et l'élargissement de la centrale thermique d'Ekibastouz-2 (région de Pavlodar, 385 millions de dollars), de même que dans la construction d'un parc éolien à Ereïmentaou (région d'Akmola, 94 millions de dollars). Dans le même temps, au Kirghizstan, le Fonds eurasiatique de stabilisation et de développement est engagé dans la réhabilitation du barrage hydro-électrique de Toktogoul (région de Djalal-Abad, 100 millions de dollars).

Et comment passer sous silence les fortes tensions qui secouent périodiquement cette organisation depuis sa création ? Le 5 mars 2015, le Kazakhstan suspend ses importations de pétrole et de gaz en provenance de Russie. Il entend ainsi protéger les producteurs nationaux face à leurs concurrents russes, que la chute du rouble pousse à écouler leur production vers l'étranger. Ce n'est pas la première

---

[147] Jean-Christophe DEFRAIGNE, « L'Union eurasienne : un projet d'intégration régionale contrepoids à la Chine et à l'UE. Un dessein géopolitique sans dynamique économique », *in* Michel KORINMAN (dir.), *Chaosland : du Moyen-Orient à l'Asie (du centre) ?*, L'Esprit du Temps, Bègles, 2017, pp. 224-225.

[148] Sur les 13,2 milliards de dollars de flux pétro-gaziers et minéraux générés au sein de l'UEEA, la Russie à elle seule en concentre 12,2 milliards (soit 93 % du total). Le Kazakhstan contribue à ces opérations à hauteur de 874 millions de dollars (6,6 %). http://www.eurasiancommission.org/ru/act/integr_i_makroec/dep_stat/tradestat/tables/intra/Documents/2019/12/I201912_2_1.pdf

mesure protectionniste que le Kazakhstan oppose à la Russie en dépit de leur appartenance commune à l'UEEA, puisque quelques jours auparavant, il avait défendu aux produits carnés russes l'accès à son marché intérieur pour cause de non-conformité à ses normes de qualité. Le 10 juin 2020, la société Chemins de fer du Kazakhstan – Transports de fret (*KTJ – Grouzovye perevozki*) décide de suspendre pour une durée indéterminée l'exportation ferroviaire de débris métalliques, ce qui lui vaut d'être poursuivie par son client russe Combinat métallurgique de Magnitogorsk (*Magnitogorski metallourguitcheski kombinat*, MMK) pour entrave à la concurrence auprès de la Commission économique eurasiatique[149]. À l'automne 2017, c'est avec le Kirghizstan que le Kazakhstan a cette fois maille à partir. Le président Nazarbaïev reçoit le 19 septembre à Almaty le rival du candidat à l'élection présidentielle kirghizstanaise soutenu par le titulaire du poste, Almazbek Atambaïev. Bichkek accuse Astana (aujourd'hui Nour-Soultan) d'ingérence. La crise diplomatique prend une tournure commerciale et s'invite au sein de l'UEEA[150]. Le Kazakhstan renforce ses contrôles à la frontière avec le Kirghizstan. Bichkek refuse l'aide kazakhstanaise de 100 millions de dollars visant à équiper la frontière sino-kirghizstanaise pour la mettre en conformité avec les normes d'importation et d'exportation édictées par l'UEEA. Le président Atambaïev menace même publiquement de quitter l'Union. Une sortie de crise sera finalement trouvée, au lendemain de la première visite officielle à Moscou du nouveau président kirghizstanais Sooronbaï Jeenbekov, le 29 novembre.

---

[149] https://www.rbc.ru/business/02/09/2020/5f4e3d359a794762f9bf8fab

[150] Michaël LEVYSTONE, « Kirghizstan : les dossiers qui attendent le nouveau président », Novastan, 2 novembre 2017. https://www.novastan.org/fr/kirghizstan/kirghizstan-les-dossiers-qui-attendent-le-nouveau-president/

L'UEEA présente bien des paradoxes. Elle est l'organisation la plus en vogue dans la région alors même que son avenir s'écrit en pointillé, grevé par des adhésions par défaut et l'absence de l'Ukraine. Cette union « eurasiatique » est néanmoins révélatrice de l'importance croissante des considérations d'ordre civilisationnel dans l'action de la Russie en Asie centrale.

CHAPITRE III

La mondialisation de l'Asie centrale : quels défis pour la Russie ?

"Whoever rules East Europe commands the Heartland; whoever rules the Heartland commands the World-Island; whoever rules the World-Island commands the World."

(Sir John Halford Mackinder, *Democratic Ideals and Reality: A Study in the Politics of Reconstruction*)

En 1901 paraît *Kim*, roman signé Rudyard Kipling relatant les tribulations d'un orphelin devenu espion pour le compte de Sa Gracieuse Majesté dans le *British Raj*. L'ouvrage ne donnera pas lieu à des adaptations cinématographiques à succès, contrairement au *Livre de la Jungle*. Mais le concept de « Grand Jeu » qu'il introduit pour qualifier la rivalité russo-britannique pour le contrôle de l'Asie centrale et du sous-continent indien[151] fera date.

C'est Sir John Halford Mackinder qui soumet la question à une réflexion en profondeur, dans son exposé "The Geographical Pivot of History", prononcé à la Société royale de géographie de Londres le 25 janvier 1904. Sa pensée se structure autour d'une théorie phare, dite du *Heartland*, résumée

[151] Cette lutte d'influences démarre au XIXe siècle pour prendre fin le 31 août 1907 (Convention anglo-russe signée à Saint-Pétersbourg), avec la création d'un État tampon délimitant les sphères de domination respectives de ses deux protagonistes : l'Afghanistan.

dans un ouvrage publié en 1919 et citée en ouverture de ce chapitre. Mackinder considère que le monde se départage entre une gigantesque masse océanique et un espace terrestre constitué de l'Afrique, de l'Europe et de l'Asie (*World-Island*, l'Île-Monde). Son cœur stratégique, son *Heartland*, correspond à la partie continentale de l'« Eurasie ». Deux anneaux entourent l'Île-Monde : le premier va de l'Europe occidentale à l'Asie orientale en passant par le Proche et le Moyen-Orient et l'Asie du Sud-Est (*Inner crescent*, l'Anneau intérieur) ; le second regroupe les Amériques, la Grande-Bretagne, l'Afrique du Sud, l'Australie et le Japon (*Insular crescent*, l'Anneau insulaire). Articulant une dichotomie tellurocraties/thalassocraties qui n'est pas sans évoquer celle de l'eurasisme[152], Mackinder estime que les puissances terrestres et les puissances navales se livrent une bataille pour le contrôle du *Heartland*, devant conduire à la maîtrise de l'Île-Monde et, *in fine*, à une domination planétaire.

Un siècle plus tard, ces thèmes sont de nouveau à la mode. Les actualités évoquent de plus en plus souvent, il est vrai, un « nouveau Grand Jeu » en Asie centrale. Désarçonnant à plus d'un titre[153], ce raccourci journalistique a toutefois le mérite de braquer les projecteurs sur une région où s'exacerbent les rapports de rivalité entre grandes puissances. Pour la Russie, l'Asie centrale mondialisée est effectivement synonyme d'une concurrence internationale accrue. Aussi s'emploie-t-elle à la mobiliser idéologiquement.

---

[152] Cf. *infra* : « Une volonté d'arrimage... », p. 82.

[153] Forte d'États souverains, l'Asie centrale de ce début de XXIe siècle n'a plus grand-chose à voir avec « l'espace à coloniser » d'il y a trois-cents ans. La vocation continentale ou maritime des acteurs extérieurs présents dans la région n'est pas davantage opérante pour décrypter ce qui s'y joue.

1. Une tribune idéologique

La volonté russe de s'attacher l'Asie centrale se heurte à une grande réticence.

1.1. Une volonté d'arrimage…

« La Russie s'est toujours considérée comme un pays eurasiatique. Nous n'avons jamais oublié que la plus grande partie du territoire russe se situe en Asie. Disons-nous la vérité telle qu'elle est : nous n'avons pas toujours utilisé cet avantage. »[154] Cette formule lapidaire, qui ouvre un article signé Vladimir Poutine et publié le 9 novembre 2000 sur le site internet du Kremlin, annonce une accentuation de la dimension asiatique de la politique étrangère russe. Consacrée sous le nom de « Pivot oriental » (*Vostotchny povorot*), cette doctrine encourage le développement de partenariats multidimensionnels avec le continent asiatique, dont elle cible les différentes composantes géographiques. Le regain d'intérêt russe pour l'Asie centrale s'insère naturellement dans ce vaste effort de rééquilibrage, qui voit Moscou – parallèlement à sa mise en valeur de la Sibérie et de l'Extrême-Orient[155] – ouvrir les portes de l'OCS à l'Inde et au Pakistan, auxquels elle est liée par d'importants accords de coopération dans les domaines militaire et/ou nucléaire ; franchir la barre des 100 milliards de dollars d'échanges commerciaux en 2018 avec la Chine, son partenaire dans le cadre du méga-contrat sur le gazoduc « Force de la Sibérie » ; sextupler son commerce extérieur avec la Corée du Sud entre 2003 et 2018 ; reprendre les négociations avec le

[154] "Rossia: novye vostotchnye perspektivy" [« Russie : de nouvelles perspectives orientales »], http://kremlin.ru/events/president/transcripts/21132

[155] Où le Centre fédéral multiplie les initiatives : création d'un ministère pour le Développement de l'Extrême-Orient en 2012 ; construction de territoires à développement prioritaire (*Territoria operejaïouchtchego razvitia*, TOR) en 2015 ; établissement la même année d'un Forum économique oriental à Vladivostok – ville qui avait accueilli un sommet de l'APEC en 2012 ; inauguration du cosmodrome de Vostotchny dans la région de l'Amour en 2016.

Japon au sujet des îles Kouriles ; jouer, enfin, la carte de l'apaisement autour de la Corée du Nord.

Il obéit en outre à une cause spécifique : le retour en force de l'idéologie eurasiste. Né au lendemain de la Révolution bolchevique au sein des milieux émigrés russes en Europe, ce courant de pensée a pour principaux fers de lance le linguiste Nikolaï Troubetskoï (1890-1938) et le géographe Piotr Savitski (1895-1968). Il postule l'existence d'un troisième continent, d'un monde à part situé entre l'Europe et l'Asie : l'« Eurasie ». Les tenants de l'eurasisme exaltent la continentalité de cet espace dont la Russie, « née de l'union des peuples forestiers du Nord européen et des peuples cavaliers et nomades de la steppe »[156], constitue le centre. À la différence du slavophilisme, l'eurasisme considère qu'une civilisation commune lie les peuples de la région, dont elle transcende les disparités ethniques (slaves, turco-mongols) et confessionnelles (chrétiens orthodoxes, musulmans), se risquant même à une lecture positive du « Joug tataro-mongol »[157]. L'eurasisme s'oppose à l'autre grand courant de la pensée russe de la seconde moitié du XIXe siècle, l'occidentalisme, dans la mesure où il récuse l'Europe et l'Occident en général comme seules sources de progrès. Cette hostilité militante transparaît dans les écrits de Lev Goumiliov (1912-1992) et d'Alexandre Douguine (né en 1962). Ce dernier se fait l'apôtre d'un néo-eurasisme qui veut combler le vide idéologique laissé en Russie par la défaite du communisme soviétique en 1991.

Ces deux penseurs sont des sources d'inspiration pour Vladimir Poutine[158]. À la faveur d'un raidissement rhétorique et

---

[156] Arnaud LECLERCQ, *La Russie puissance d'Eurasie. Histoire géopolitique des origines à Poutine*, Ellipses, Paris, 2012, p. 202.

[157] Présenté comme un vecteur d'union sociale, de progrès dans la gestion des affaires politiques, économiques et militaires, et de tolérance religieuse en Russie. Michel ELTCHANINOFF, *Dans la tête de Vladimir Poutine*, Solin/Actes Sud, Paris, 2015, p. 106.

[158] Il aurait fréquenté Lev Goumiliov à Saint-Pétersbourg.

idéologique perceptible depuis son retour au Kremlin en 2012[159], le discours du président russe reprend à son compte les accents guerriers de Goumiliov et Douguine contre l'Occident, dont ils pourfendent le droit-de-l'hommisme et la dépravation morale à tout-va. Composante indissociable de la grande civilisation eurasienne dont la Russie revendique le *leadership*, l'Asie centrale se trouve *de facto* mobilisée dans la bataille idéologique que Moscou mène face à l'Occident. Le journaliste spécialisé en communication politique Mathieu Slama a récemment consacré un essai à la divergence de vues entre Russes et Occidentaux sur l'homme et sur le monde[160]. Selon lui, cette confrontation s'articule autour de deux lignes de fracture. D'un côté s'entrechoquent la tradition et le libéralisme. La Russie promeut ses fondements spirituels et religieux, ses coutumes nationales et sa vision de la famille, par opposition au matérialisme, à l'uniformité culturelle et à l'individualisme en vogue en Occident[161]. D'un autre côté, ce sont la souveraineté et l'universalisme qui s'affrontent. La Russie fait ici prévaloir la négociation sur l'ingérence au nom des droits de l'homme[162], tel

[159] Selon Philippe Comte, maître de conférences de langue et civilisation russes à l'Université Paris 1 Panthéon-Sorbonne, l'« évolution vers l'autoritarisme » de la nature du pouvoir politique en Russie a été lancée sous la présidence de Boris Eltsine (1991-1999), dont Vladimir Poutine est surtout l'héritier et le continuateur : « création en 1994 d'une commission pour l'élaboration d'une "idée nationale" ; volonté de reconstituer l'Union soviétique avec, entre autres, le soutien à la République de Transnistrie en 1992, aux sécessionnistes abkhazes et d'Ossétie du Sud en 1993-1994, et avec la création d'une communauté (*soobchtchestvo*), puis d'un État unifié (*soïouznoïe gossoudarstvo*) Russie-Belarus en 1996 ». Philippe COMTE, « 1964-2019 : la grande mue de l'oligarchie soviétique », *in* Hélène MÉLAT (dir.), *Circulations, échanges, mixités*, La Revue russe n°54, Institut d'études slaves, Paris, juin 2020, p. 75.

[160] Mathieu SLAMA, *La guerre des mondes. Réflexions sur la croisade idéologique de Poutine contre l'Occident*, Éditions de Fallois, Paris, 2016, 128 p.

[161] *Ibid.*, p. 20.

[162] *Ibid.*, p. 53.

qu'en atteste sa gestion de la crise syrienne. C'est précisément en se posant en défenseur de la diversité du monde face aux supposées « velléités universalistes occidentales »[163] que Vladimir Poutine s'inscrit dans la droite ligne des préceptes eurasistes, qui valorisent le pluralisme des peuples et des cultures.

En plus de cette dimension idéologique, l'Asie centrale revêt une valeur culturelle aux yeux du Kremlin. La Fédération de Russie s'appuie sur sa diaspora disséminée dans la région pour y déployer une politique de promotion linguistique et culturelle. Cette mission échoit principalement à deux organismes, créés en 2007 et en 2008. Il s'agit tout d'abord de la fondation Rousski mir (« Le Monde russe »), présente à Nour-Soultan, Aktioubé, Öskemen, Bichkek, Kant, Och et Douchanbé. C'est, d'autre part, l'Agence fédérale pour la Communauté des États indépendants, la diaspora russe à l'étranger et la coopération internationale culturelle et humanitaire (Rossotroudnitchestvo). En plus de dispenser des cours de langue, ses « Centres russes pour la science et la culture » proposent des expositions, cycles de conférences et autres manifestations à Nour-Soultan, Bichkek, Och, Tachkent, Douchanbé et Khodjent. Il existe en outre des établissements mixtes d'enseignement supérieur dans la région : l'Université médicale kazakhstano-russe à Almaty, l'Université kirghizo-russe à Bichkek, l'Université slave russo-tadjike à Douchanbé, ou encore des succursales de l'Université d'État Lomonossov de Moscou à Nour-Soultan, Douchanbé et Tachkent. Mentionnons enfin l'inauguration récente à Bichkek d'une « École Gazprom-Kirghizstan », rappelant que la Russie met aussi ses grands groupes à contribution pour les questions de *soft power*.

Mais qu'en est-il des pays centrasiatiques ? Que la Russie se considère comme « eurasiatique » suffit-il pour autant à ce que,

---

[163] *Ibid.*, p. 56.

réciproquement, ils estiment faire partie intégrante du « Monde russe » ?

1.2. … face à des désolidarisations plurielles

Au lendemain de l'effondrement de l'URSS, des millions de Russes ethniques quittent l'Asie centrale. Le phénomène touche les cinq pays de la région sans exception, quoique dans des proportions bien différentes. Ainsi, entre 1989, date du dernier recensement soviétique, et le début de la décennie 2000, la population russe passe de 6,2 à 4,5 millions de personnes au Kazakhstan ; de 1,6 million à 700 000 en Ouzbékistan ; de 900 000 à 600 000 au Kirghizstan ; de 390 000 à 70 000 au Tadjikistan ; de 330 000 à 100 000 au Turkménistan[164]. À titre de comparaison, entre 1989 et 2007, 460 000 Russes quittent les anciennes Républiques soviétiques d'Europe orientale (Biélorussie, Moldavie et Ukraine), 400 000 celles du Caucase (Arménie, Azerbaïdjan et Géorgie), un peu plus de 200 000 celles de la côte balte (Estonie, Lettonie et Lituanie)[165]. En Asie centrale, les difficultés économiques créées par la désagrégation de l'URSS et les craintes légitimes qui se font jour sur le plan sécuritaire – guerre civile au Tadjikistan, menaces terroriste et islamiste – jouent évidemment un rôle majeur dans ces mouvements migratoires. Les politiques de nationalisation mises en œuvre par les nouveaux régimes locaux pèsent également lourd.

---

164 Sébastien PEYROUSE, « Les flux migratoires des Russes entre Asie centrale et Russie », *Espace, populations, sociétés 2007 (2007/1)*. http://journals.openedition.org/eps/1945

165 Consulter le Tableau 2 "Netto-migratsia iz stran SNGu i Baltii i izmenenie tchislennosti rousskikh v nikh, 1989-2007 gg." [« Flux migratoires au départ des pays de la CEI et de la Baltique et évolution de la part des populations russes en leur sein entre 1989 et 2007 »], dans l'article de Lilia KARATCHOURINA, "Migratsia v postsovetskikh stranakh" [« La migration dans les pays postsoviétiques »], RSMD, 13 décembre 2013. https://russiancouncil.ru/analytics-and-comments/analytics/migratsiya-v-postsovetskikh-stranakh/

La reconquête est avant tout linguistique, avec un effritement de la langue russe au profit de celle des nationalités titulaires – le kazakh au Kazakhstan, l'ouzbek en Ouzbékistan… La situation varie suivant les pays. Le Kirghizstan[166] et le Kazakhstan[167] consacrent constitutionnellement le russe en tant que langue officielle. Cependant, des responsables publics proposent régulièrement de revenir sur cette mesure au Kirghizstan[168], tandis que le Kazakhstan, qui grossira en 2025 les rangs des pays centrasiatiques ayant renié la transcription cyrillique de leur langue nationale[169], procède à la fermeture de plus de cinq mille écoles russes en l'espace de vingt-cinq ans[170]. La dérussification atteint des proportions plus importantes en Ouzbékistan et au Turkménistan, deux pays qui ne reconnaissent d'ailleurs pas la double citoyenneté avec la Russie. L'Ouzbékistan s'engage très tôt sur cette voie, latinisant l'alphabet national (loi du 2 septembre 1993) et ôtant au russe son statut de langue de communication interethnique (loi du 21 décembre 1995). Au Turkménistan – qui a aussi latinisé son alphabet dès 1993 –, un sondage réalisé en 2013 révélait que seulement 18 % de la population maîtrisaient la langue de Pouchkine[171], dont il n'est pas même fait mention dans la Constitution du 18 mai 1992 et dont l'apprentissage dans les établissements d'enseignement secondaire et supérieur est quasiment inexistant. S'agissant du Tadjikistan, la nationalisation linguistique y est poussée jusqu'aux noms de famille à partir de 2007 : le président Rakhmonov montre l'exemple en

---

[166] Article 10, alinéa 2 de la Constitution du 27 juin 2010.

[167] Article 7, alinéa 2 de la Constitution du 30 août 1995.

[168] https://lenta.ru/news/2019/01/16/rus/

[169] Cf. note 45, p. 38.

[170] Nourbek BEKMOURZAÏEV, "Polojenie rousskogo iazyka v stranakh Tsentralnoï Azii" [« La situation de la langue russe dans les pays d'Asie centrale »], CABAR, 28 février 2019. https://cabar.asia/ru/polozhenie-russkogo-yazyka-v-stranah-tsentralnoj-azii

[171] *Ibid.*

ôtant le suffixe russe (-ov) du sien pour le rendre plus tadjik. L'imposition de la langue nationale pour passer les concours d'entrée à la fonction publique et la préférence ethnique pratiquée à l'embauche dans les grands groupes de ces pays s'inscrivent dans des politiques d'« indigénisation »[172] qui laissent leurs communautés russes sans réelles perspectives d'avenir.

Sur fond de marginalisation sociale et économique, les Russes d'Asie centrale se voient également exclus des récits nationaux que les nouveaux régimes content à leurs citoyens. Ceux-ci sont invités à se réapproprier un passé prestigieux, pré-soviétique par nature, et à en exalter les héros et épisodes glorieux[173]. Ainsi du Kirghizstan avec l'épopée de Manas, du Tadjikistan avec l'empire des Samanides (auquel la devise nationale, le somoni, rend hommage), du Turkménistan avec la bataille de Gökdepe (baroud d'honneur face à l'armée tsariste), du Kazakhstan avec Kenessary Kassymov (descendant de Gengis Khan et père du mouvement de libération nationale contre les Russes), ou de l'Ouzbékistan avec Tamerlan, dont la bannière apparaît sur la bande supérieure du drapeau national.

La symbolique des drapeaux est elle aussi lourde de références – et donc de sens. Cependant que la bannière du Tadjikistan met l'accent sur son identité iranienne, avec des couleurs évoquant très fortement celles de la République islamique, le drapeau du Kazakhstan insiste sur son appartenance à la civilisation turque. Son fond bleu turquoise – un terme dérivé du mot « turc » – est un hommage à Tengri,

---

[172] L'indigénisation fut lancée sous Leonid Brejnev pour former des cadres de la fonction publique et de l'industrie au sein des nationalités titulaires. Les nouveaux pouvoirs locaux amplifient cette pratique à l'indépendance.

[173] Cela vaut aussi pour les savants, tels Abu Nasir al-Fârâbi (872-950), né près de Farab (Kazakhstan), ou encore Abu Ali al-Hussain Ibn Abdullah Ibn-Sina (980-1037), mieux connu sous le nom d'Avicenne, né près de Boukhara (Ouzbékistan). Bayram BALCI, *Renouveau de l'islam en Asie centrale et dans le Caucase*, CNRS Éditions, Paris, 2017, p. 30.

dieu du Ciel dans la mythologie turco-mongole. Le drapeau national figure en outre un aigle royal des steppes (le *berkout*), emblème de Gengis Khan et des tribus kazakhes, ainsi qu'une ligne verticale d'entrelacs dorés, reprenant les motifs traditionnels en forme de cornes de bélier aperçus sur les yourtes (le *kochkar-mouïiz*). Pareille réhabilitation somptuaire du nomadisme, mode de vie rudement malmené durant la période soviétique[174], se retrouve sur les bannières officielles kirghizstanaise et turkménistanaise. La première fait la part belle au toit de la yourte traditionnelle kirghize (le *toundouk*), représenté sous la forme d'une couronne circulaire striée de deux séries de trois lignes. La seconde porte la mention des motifs (les *gouls*) utilisés par les cinq tribus dominantes du Turkménistan pour le tissage de leurs tapis : les Ersarys, les Iomouds, les Tchovdours, les Tékés et les Salyrs[175]. Symboliques, ces désolidarisations d'avec la Russie n'en demeurent pas moins manifestes.

Une divergence existe enfin sur le plan idéologique. Le Kazakhstan porte en effet sa propre conception de l'eurasisme[176], distincte de la vision russe. Le mot clé n'est plus ici celui de « domination », mais plutôt celui de « transition ». Le Kazakhstan se vit comme l'État charnière de l'espace eurasiatique. En témoignent la présence d'une agglomération nommée « Turkestan » dans sa région méridionale et surtout le déplacement de sa capitale, en 1997, en plein cœur de la steppe, dans la ville abritant l'Université nationale d'Eurasie Lev Goumiliov[177]. Le pays jette un pont du sud au nord entre le reste

---

[174] Entre 1928 et 1933, l'URSS met en œuvre une politique de sédentarisation forcée qui coûte la vie à plus d'un tiers des Kazakhs. La « Campagne des Terres vierges » lancée en 1953 par Nikita Khrouchtchev pour faire des Steppes kazakhes le nouveau grenier à blé de l'URSS marginalise les nomades.

[175] On notera en passant que l'Asie centrale compte d'autres grands peuples nomades, tels les Karakalpaks et les Ouïghours.

[176] Michel BRUNEAU, *Ibid.*, pp. 269-270.

[177] Une décision aussi motivée par la volonté d'éviter un éclatement du pays « à l'ukrainienne ».

de l'Asie centrale et la Russie (immigrations, transports, gazoducs). Lancées en 2013 depuis l'Université Nazarbaïev par le président chinois Xi Jinping, les « Nouvelles Routes de la Soie »[178] sont appelées à faire du Kazakhstan un espace incontournable pour le transit routier, ferroviaire et énergétique entre la Chine et l'Europe. Le pays assurera là encore la jonction entre plusieurs marchés, mais sans avoir à regarder vers le nord...

À bien des égards, l'Asie centrale montre une volonté de distanciation vis-à-vis de la Russie, que l'insertion de la région dans la mondialisation soumet à des défis supplémentaires.

2. Un regain de concurrence

Parmi les puissances convoitant l'Asie centrale émancipée, la Turquie, l'Iran, la Chine, les États-Unis et l'Union européenne méritent un éclairage particulier.

2.1. Les « retrouvailles islamiques »[179]

À partir de 1991, l'Asie centrale entre dans une phase de redécouverte identitaire. Les jeunes États qui la composent voient dans l'*Oumma* (la Communauté des croyants) un facteur d'intégration dans le Concert des Nations. Forts de liens historiques et culturels ancestraux, les pays voisins profitent de la recomposition de l'islam local libéré de la tutelle soviétique pour reprendre pied en Asie centrale.

Tel est le cas de la Turquie qui, la première, reconnaît les indépendances des Républiques centrasiatiques. Elle profite de sa forte proximité ethnique[180], linguistique[181] et religieuse[182]

---

[178] Cf. *infra* : « Conclusion : La revanche du chameau ? », pp. 123-124.

[179] Bayram BALCI, *Ibid.*, p. 25.

[180] Les Turcs anatoliens descendent pour la plupart de peuples centrasiatiques et sibériens.

avec le Kazakhstan, le Kirghizstan, l'Ouzbékistan et le Turkménistan pour mettre en œuvre une politique de coopération pluridimensionnelle à destination de ces pays.

L'axe confessionnel est privilégié. Désireuse de contrer l'intrusion de l'islam wahhabite saoudien en Asie centrale, la Turquie s'appuie sur sa Direction des affaires religieuses (*Diyanet İşleri Başkanlığı*)[183] pour financer la construction de facultés de théologie, inaugurer à Bichkek le plus imposant lieu de culte de la région (mosquée centrale de l'Imam Sarakhsi) et imprimer des livres saints dans les langues locales. Elle se dote d'un Conseil islamique eurasien (*Avrasya İslam Şurası*) et affecte auprès de chaque ambassade un attaché aux affaires religieuses[184]. La diffusion de l'islam turc en Asie centrale doit aussi beaucoup à la communauté de Fethullah Gülen (*Cemaat*), dont le réseau éducatif s'enracine au Kazakhstan, au Kirghizstan et au Tadjikistan. La rupture survenue en décembre 2013 entre l'imam et le Premier ministre Recep Tayyip Erdoğan, et surtout le coup d'État manqué du 15 juillet 2016 contre ce dernier, devenu président, ouvrent une chasse aux sorcières contre la confrérie güléniste en Asie centrale. Ankara accentue la pression pour obtenir la fermeture d'établissements religieux et éducatifs affiliés à une organisation qu'elle qualifie de terroriste.

Les autorités centrasiatiques rechignent à procéder à la fermeture de structures qui forment les élites locales, contribuant également à la réussite de leurs coopérations éducatives avec la Turquie. Celles-ci consistent par exemple en

---

[181] Les langues turciques – le kazakh, le kirghize, l'ouzbek, le turkmène, sans oublier le karakalpak et le ouïghour – dominent le paysage linguistique de la région.

[182] La plupart des Türks centrasiatiques sont, à l'instar des Turcs anatoliens, musulmans sunnites de rite hanéfite.

[183] La *Diyanet* sert de modèle aux Comités d'État pour les affaires religieuses créés par la suite en Asie centrale.

[184] Bayram BALCI, *Ibid.*, p. 80.

des programmes de bourses permettant à des milliers d'étudiants centrasiatiques d'intégrer des universités turques. On voit également apparaître une Université internationale kazakho-turque Khodji Akhmed Yassavi dans la ville de Turkestan, ainsi qu'une Université kirghizo-turque Manas à Bichkek, toutes deux financées par l'Agence turque de coordination et de développement (TIKA), spécialement créée en 1992 pour développer les relations économiques avec la nouvelle Asie centrale. En revanche, la politique d'uniformisation linguistique promue par la Turquie dans la région se solde par un échec. Les sommets des chefs d'État des pays turcophones (*Türkçe Konuşan Ülkeler Devlet başkanları Zirvesi*) qu'elle organise ne convainquent pas davantage que sa promotion d'un alphabet latin commun[185]. La logique de consolidation de souverainetés tout juste recouvrées l'emporte ici sur les visées intégrationnistes de ce « nouveau grand frère », par ailleurs mû par un eurasisme spécifique[186].

La Turquie n'en demeure pas moins un pays qui compte en Asie centrale. Elle réalise pour plus de 2,2 milliards de dollars d'échanges commerciaux en 2019 avec le Kazakhstan, où ses sociétés contribuent à la politique de grands travaux de la nouvelle capitale[187]. Jusqu'en 2015, le Kazakhstan milite en faveur de l'établissement d'une zone de libre-échange entre l'UEEA et la Turquie, mesure abandonnée après « l'affaire du Su-24 »[188] sur pression de la Russie, qui interdit par ailleurs aux camions de marchandises turcs destinés à l'Asie centrale de

---

[185] Rapidement latinisés, les alphabets ouzbek et turkmène n'en comportent pas moins des lettres distinctives.

[186] L'*Avrasya* prête à la Turquie, forte d'un passé impérial transcontinental, le rôle de tête de pont entre l'Europe et l'Asie. L'anti-occidentalisme est un élément structurant de cet eurasisme turc. Michel BRUNEAU, *Ibid.*, pp. 276-278.

[187] Création du palais présidentiel Ak Orda par Okan Holding, de la Pyramide de la Paix et de la Réconciliation par Sembol İnşaat, d'un aéroport international par Alarko Holding.

[188] Cf. note 37, pp. 35-36.

transiter par son territoire. Au plus fort des tensions avec la Russie – aplanies l'année suivante grâce à la médiation du président Nazarbaïev –, la Turquie propose sans succès au Kazakhstan de se raccorder au Gazoduc transanatolien (TANAP), pour sécuriser ses approvisionnements énergétiques. Elle se tourne aussi vers le Turkménistan, dont elle est le premier fournisseur (biens de consommation courante, électroménager) et le principal investisseur étranger, notamment dans le secteur de la construction[189]. Quant à l'Ouzbékistan, il affichait jusqu'à la mort de Karimov une hostilité constante à l'endroit de la Turquie, à laquelle il tenait rigueur de lui refuser l'extradition des dissidents Moukhammad Salikh et Abdourakhim Poulatov. Mais l'arrivée aux affaires de Chavkat Mirzioïev en 2016 entame un nouveau cycle : multiplication des visites de haut rang, conclusion de 3 milliards de dollars de contrats lors d'un forum d'affaires conjoint en 2018. Principale confrérie mystique du monde musulman, née à Boukhara et particulièrement active en Turquie, la *Nakchbandia*[190] peut constituer un trait d'union supplémentaire en vue d'aplanir les différends. La Turquie entretient enfin de timides relations commerciales (autour de 400 millions de dollars en 2019) avec le Kirghizstan, qui pâtit ici d'une énième sortie de route du président Atambaïev à la fin de son mandat[191], et le Tadjikistan, où c'est l'Iran qui a la main.

---

[189] La crise économique de 2009 permet aux sociétés turques de damer le pion au groupe français Bouygues sur ce marché, ainsi qu'en témoigne la création du village olympique (3,5 milliards de dollars) et d'un nouvel aéroport international (2 milliards) par Polimeks Holding pour les cinquièmes Jeux asiatiques en salle organisés à Achkhabad en 2017.

[190] Le mausolée de son fondateur, Bakhaouddine Nakchbandi (1318-1389), se trouve à une douzaine de kilomètres de Boukhara.

[191] Pourtant réputé très proche d'Erdoğan, il exhorta Ankara à « réfléchir et reconnaître son erreur » auprès de Moscou, dans le cadre de « l'affaire du Su-24 ». Extrait de la conférence de presse du 24 décembre 2015, consultable à l'adresse suivante : https://ru.sputnik.kg/video/20151224/1021160360.html

Isolé sur la scène internationale depuis la Révolution islamique de 1979, exsangue après la guerre qui l'oppose à l'Irak jusqu'en 1988, l'Iran voit poindre à partir de 1991 une immense région à fort potentiel économique et stratégique, avec laquelle il partage qui plus est des frontières tant sur terre qu'en « mer », à la différence de la Turquie. Il mise sur l'héritage des empires sassanide et samanide et sur ses liens avec les populations persanophones du Tadjikistan et de Samarcande, Boukhara et Termez en Ouzbékistan pour se rappeler à l'Asie centrale. Téhéran veut mettre à profit son savoir-faire pétro-gazier et sa situation géographique pour s'imposer comme une voie alternative pour l'écoulement des hydrocarbures caspiens du Kazakhstan et du Turkménistan vers les marchés internationaux. Mais la densité du voisinage de la Caspienne, et surtout les divergences d'appréciation quant à son statut juridique – lac salé selon l'Iran et le Turkménistan, mer fermée pour l'Azerbaïdjan, le Kazakhstan et la Russie –, contrarient cette ambition. Cerné par l'Amérique engagée en Afghanistan (2001) et en Irak (2003), l'Iran poursuit son rapprochement avec l'Asie centrale pour s'extraire de son confinement.

Sa stratégie d'influence s'y heurte néanmoins à des vents contraires. D'une part, dans une région que caractérise un syncrétisme identitaire, les nouveaux États, hormis le Tadjikistan, exacerbent leur turcité aux dépens de leur persianité. De l'autre, l'Iran doit composer avec une région à majorité sunnite et, en son sein, des communautés chiites qui ne suivent pas forcément la même ligne cultuelle : ainsi des Ismaéliens du Haut-Badakhchan (Tadjikistan), adeptes d'un chiisme septimain de rite nizarite, bien distinct du chiisme duodécimain de rite jafarite qui prédomine à Téhéran. Enfin, en dépit même de la résurgence de l'islam dans ces pays, leurs dirigeants privilégient une gestion séculière des affaires intérieures héritée de leur formation soviétique, qui les invite à la plus grande prudence face aux discours messianiques proférés par les mollahs de

Téhéran[192]. Dès l'origine, donc, la République islamique d'Iran dispose de moins d'atouts que la République kémaliste pour déployer une ambitieuse politique d'influence religieuse à destination de l'Asie centrale, où elle est aujourd'hui « un acteur islamique mineur »[193].

Sur le plan bilatéral, un lien symbiotique unit l'Iran au Tadjikistan – « Deux corps, une âme », résumait l'ancien président iranien Mahmoud Ahmadinejad[194] –, qui en revendique l'héritage culturel et linguistique, et où sa médiation durant la guerre civile lui a valu un réel prestige. La rencontre à Téhéran entre Moukhiddine Khabiri, *leader* du Parti de la renaissance islamique (PRI) interdit par la Cour suprême du Tadjikistan le 29 septembre 2015, et le guide suprême Ali Khameneï a cependant jeté de l'huile sur le feu entre les deux pays. L'Iran entretient de bonnes relations avec le Turkménistan, dont il abrite une communauté notable et avec lequel il échange régulièrement au sujet de l'Afghanistan, ainsi qu'avec le Kazakhstan (partenariat pétrolier, négociations autour du programme nucléaire iranien, coopérations éducatives avec les instituts d'études orientales de l'Académie des sciences à Nour-Soultan et Almaty). Avec l'Ouzbékistan, dont il devient le premier client pour les fibres de coton en 2018 (plus de 100 millions d'euros d'importations)[195], le mot d'ordre est celui du renouveau. Les échanges sont en revanche plus ténus avec le Kirghizstan, même si les dirigeants des deux pays se côtoient au

---

[192] L'Ouzbékistan a instrumentalisé cette menace du fondamentalisme islamique iranien contre les Ironi (principale communauté chiite d'Asie centrale), non reconnus par sa Direction des affaires religieuses et auxquels il n'était pas prêt à faire de concessions en matière de liberté de culte. Bayram BALCI, *Ibid.*, pp. 137-8.

[193] Bayram BALCI, *Ibid.*, p. 164.

[194] Didier CHAUDET, « L'Iran en Asie centrale : un engagement pragmatique et limité », *in* Serge SUR (dir.), *L'Asie centrale. Grand Jeu ou périphérie*, Questions internationales n°82, La Documentation française, Paris, novembre-décembre 2016, p. 70.

[195] https://www.novastan.org/fr/ouzbekistan/liran-se-rapproche-de-louzbekistan/

sein de l'Organisation de la coopération islamique (OCI) et de l'OCS. Téhéran frappe à la porte de cette dernière dans une logique de contournement des sanctions américaines, qui lui voit en parallèle sceller un accord provisoire de libre-échange avec l'UEEA le 17 mai 2018 et développer une myriade de projets dans le domaine des transports[196]. L'augmentation des échanges d'hydrocarbures avec le Turkménistan et le Kazakhstan, de même que la libéralisation du secteur financier ouzbékistanais, constituent des axes supplémentaires de débouchés économiques iraniens en Asie centrale.

La disparition de l'URSS préside au « retour » d'une autre puissance musulmane en Asie centrale, et non des moindres : la Russie elle-même. Victorieuse des *khanats* de Kazan en 1552 et d'Astrakhan en 1556, la Russie a été la première nation européenne à administrer des populations musulmanes. Elle développe, trois siècles durant, des relations d'État à État avec les *khanats* ouzbeks ; au cours du XVIIIe siècle, elle conclut des traités d'alliance militaire avec les Kazakhs, les Karakalpaks et les Turkmènes.

Quant à l'expérience coloniale, il faut dire, à rebours d'une opinion trop répandue, qu'elle n'a pas systématiquement brimé les croyances locales. L'islam d'Asie centrale bénéficie même, sous l'Empire des tsars, d'une réelle tolérance dont les jalons sont posés durant le règne de Catherine II (1762-1796). Par deux *oukases* du 8 juillet 1782 et du 2 mai 1784[197], la tsarine

[196] Rénovation de la ligne ferroviaire Garmsar – Icheboron en vue de son raccordement au Turkménistan, pour desservir les marchés ouzbékistanais, kazakhstanais, russe et chinois ; pourparlers autour de l'établissement d'une liaison aérienne entre Téhéran et Tachkent ; avec le Turkménistan, ouverture d'un pont frontalier à Sarakhs et construction d'un port à Turkmenbachy pour en intensifier les échanges avec les ports iraniens de Bander Abbas, Enzeli et Nekka.

[197] Venalij AMELIN, « Les recompositions internes dans l'islam de l'oblast d'Orenbourg », *Revue d'études comparatives Est-Ouest*, 2011/2 (n°42), p. 21.

autorise la construction de mosquées sur les terres kazakhes, où elle dépêche par ailleurs des mollahs tatars, qui y prêchent un islam moderne et compatible avec l'Empire.

C'est véritablement durant la période soviétique que l'islam fait l'objet de campagnes de dénigrement, alternant néanmoins avec des phases de bienveillance relative. Lénine puis Staline s'emploient dans un premier temps à éradiquer la menace *basmatchie*[198] avant de déclencher, à partir de 1924, une vague de répression anti-musulmane en Asie centrale, où les édifices de culte, les lieux saints, les tribunaux coraniques et les écoles religieuses sont fermés, quand ils ne sont pas détruits[199]. Comme dans toute l'Union soviétique, une violente propagande athéiste se déploie avec la publication de journaux dénonçant l'islam comme un poison contre-révolutionnaire.

L'invasion allemande de l'URSS, à partir du 22 juin 1941 (opération *Barbarossa*), entraîne un certain assouplissement. En 1942, le Kremlin se rapproche du mufti d'Oufa Abdourrakhman Rassoulaïev, crée l'année suivante une Direction spirituelle des musulmans d'Asie centrale et du Kazakhstan (SADOuM) à Tachkent et finance la reconstruction de certaines mosquées centrasiatiques[200]. Cette accalmie dure jusqu'en 1953. Le nouveau maître du Kremlin, Nikita Khrouchtchev, réintroduit une

---

https://www.cairn.info/revue-revue-d-etudes-comparatives-est-ouest1-2011-2-page-17.htm

[198] La Révolte des *Basmatchis* – du verbe turc « basmak » : « se révolter » – est un mouvement de contestation des peuples d'Asie centrale contre l'appel sous les drapeaux lancé par le pouvoir central durant la Première Guerre mondiale.

[199] Entre 1912 et 1941, le nombre des mosquées d'Asie centrale passe de vingt-six mille à un millier. Pierre CHUVIN, René LÉTOLLE & Sébastien PEYROUSE, *Histoire de l'Asie centrale contemporaine*, Fayard, Paris, 2008, p. 142.

[200] Pierre CHUVIN, René LÉTOLLE & Sébastien PEYROUSE, *Ibid.*, p. 144.

campagne anti-religieuse en Asie centrale[201] (comme dans toute l'URSS), cependant qu'il soumet le nord du Kazakhstan à une sédentarisation forcée (« Campagne des Terres vierges »[202]).

Le remplacement de Khrouchtchev par Leonid Brejnev au Kremlin en 1964 met un terme à ce passage difficile. Brejnev connaît l'Asie centrale pour y avoir servi en tant que deuxième puis premier secrétaire du Parti communiste au Kazakhstan de 1954 à 1956. Et surtout, en pleine Guerre froide avec les États-Unis et sur fond de décolonisation, il doit faire basculer du « bon côté » de nombreux pays musulmans du Tiers-monde : Algérie, Égypte, Irak, Indonésie, Libye, Pakistan, Somalie, Soudan, Syrie, Yémen. Dans cette entreprise de séduction idéologique, l'exemple de l'Asie centrale doit démontrer qu'il n'existe pas d'incompatibilité entre la religion du Prophète et les théories de Marx et Engels. Une nouvelle phase de raidissement s'ouvre cependant en 1980, lorsque Moscou doit mettre fin à la mission afghane de ses conscrits centrasiatiques (supposés combattre les moudjahidines, ils se solidarisaient avec leurs coreligionnaires locaux). Une interdiction de visiter les pays musulmans amis de l'Union soviétique est même édictée à l'encontre des muftis d'Asie centrale[203].

L'introduction de davantage de transparence (*Glasnost*) dans l'espace public, décidée par Mikhaïl Gorbatchev au lendemain de la catastrophe nucléaire de Tchernobyl en 1986, conduit à désinhiber les revendications identitaires, notamment celles portées par les peuples non-russes de l'Union soviétique. Le Kremlin laisse faire les célébrations, en 1988, du millénaire du baptême de la *Rus'* kiévienne, et adopte une attitude plus conciliante vis-à-vis de l'islam centrasiatique.

---

[201] Résultat : entre 1958 et 1965, le nombre des mosquées centrasiatiques passe de mille-cinq-cents à cinq-cents. Pierre CHUVIN, René LÉTOLLE & Sébastien PEYROUSE, *Ibid.*, p. 154.

[202] Cf. note 174, p. 88.

[203] Pierre CHUVIN, René LÉTOLLE & Sébastien PEYROUSE, *Ibid.*, p. 164.

L'effondrement de l'Union soviétique en 1991 sonne le réveil de l'islam en Russie, qui fait elle aussi partie de l'*Oumma* pour compter une vingtaine de millions de fidèles (15 % de sa population totale). Durant l'été 2005, à la faveur du double soutien saoudien et iranien, la Russie intègre en qualité d'État observateur l'OCI, dans laquelle Vladimir Poutine était devenu deux ans auparavant le premier chef d'un État à majorité non-musulmane à prononcer un discours, à l'occasion du dixième sommet islamique réuni à Putrajaya (Malaisie). Enfin, n'oublions pas que la structure administrative de la Fédération de Russie comporte dix Républiques à forte population musulmane : l'Adyguée, le Daghestan, l'Ingouchie, la Kabardino-Balkarie, la Karatchaïévo-Tcherkessie et la Tchétchénie dans le Caucase ; le Bachkortostan, l'Oudmourtie, le Tatarstan et la Tchouvachie dans le district fédéral de la Volga[204]. Elles entretiennent des partenariats multiples avec leurs consœurs centrasiatiques.

Forte de représentations plénipotentiaires au Kazakhstan, en Ouzbékistan et au Turkménistan, la République du Tatarstan est la plus présente des régions musulmanes de Russie en Asie centrale. Elle organise régulièrement des *fora* d'investissements conjoints au Kazakhstan, au Kirghizstan, au Tadjikistan et dans la région de Tachkent. Le volet économique de ses coopérations avec ces pays est principalement supporté par ses *holdings*. Durant le seul été 2019, la Compagnie pétrolière tatarstanaise (Tatneft) a ainsi scellé des accords de partenariat avec KazMounaïGaz, Turkmenneft et Turkmennebit pour l'exploration et l'exploitation conjointes de gisements pétro-gaziers au Kazakhstan et au Turkménistan, tout en inaugurant dans la région de Tachkent sa première station-service d'Ouzbékistan, où vingt-et-une autres ont été annoncées pour fin 2020. Tatneft

[204] Insistons aussi sur l'importante communauté musulmane de la capitale russe, où les présidents Poutine et Erdoğan inaugurent ensemble la plus grande mosquée d'Europe en septembre 2015 : la mosquée-cathédrale de Moscou.

possède également une filiale à Balkanabad (Turkménistan). L'Usine automobile de la Kama (KamAZ) dispose d'ateliers d'assemblage au Kazakhstan, qui représentait l'un de ses principaux marchés à l'export en 2018, et équipe l'armée ouzbékistanaise en véhicules de transport blindés à l'épreuve des mines (modèle KamAZ-53949). En avril 2020, elle livre quarante-six camions à benne basculante au port de Turkmenbachy, dans le cadre de contrats conclus entre le Tatarstan et l'agence turkménistanaise Turkmenavtotransport[205]. Quant à TAIF, géant de la chimie et de la pétrochimie basé à Kazan, il s'est vu proposer fin 2018 de construire une usine pour le futur Complexe de gaz chimiques d'Oust-Ourt, en République autonome du Karakalpakstan (Ouzbékistan).

Autre grande région musulmane de Russie, le Bachkortostan s'appuie sur le double sommet des BRICS et de l'OCS tenu à Oufa les 8, 9 et 10 juillet 2015[206] pour approfondir ses relations avec les pays centrasiatiques. La *holding* pétrolière Bachneft se dote en juin 2016 d'une filiale à Astana (aujourd'hui Nour-Soultan), Bachneft-Azia, qui commercialise de l'essence sur le marché kazakhstanais. La Chambre de commerce et d'industrie du Bachkortostan poursuit ses négociations en vue de l'ouverture d'un bureau de représentation dans la région de Fergana, avec laquelle elle avait signé un accord de partenariat dans le secteur agricole en 2018.

D'autres initiatives méritent d'être mentionnées. En mars 2018, les structures commerciales d'Ingouchie et du Kazakhstan avaient conclu un accord de partenariat agro-industriel prévoyant l'importation de pâtes, de confiseries et de sel par l'Ingouchie, qui s'engage à fournir le Kazakhstan en eau minérale et en pommes. Fin mars 2020, une liaison maritime

---

[205] https://portnews.ru/news/293900/

[206] Depuis lors se déroule chaque année un Forum des petites et moyennes entreprises des États membres des BRICS et de l'OCS, dont la cinquième édition (26-27 septembre 2019) a été accueillie par la capitale du Bachkortostan.

permanente devait être établie entre les ports de Makhatchkala (Daghestan) et de Turkmenbachy (Turkménistan), dans le cadre de la Stratégie de développement des ports russes en mer Caspienne jusqu'en 2030[207].

Sur le plan culturel, un forum international « Civilisation de l'Altaï et peuples frères de la famille des langues altaïques » se tient en juillet 2017 à Bichkek, à l'initiative du président Atambaïev. Y sont conviés des historiens, linguistes, archéologues et anthropologues du Kirghizstan, du Kazakhstan, d'Ouzbékistan et de Russie. Cet événement rappelle que des liens de proximité culturelle existent entre les peuples centrasiatiques et certains peuples de Russie, eux aussi locuteurs de langues turciques : les Bachkirs, les Balkares, les Koumyks, les Tatars – y compris ceux originaires de Crimée –, les Tchouvaches, sans oublier, pour les non-musulmans, les Dolganes, les Iakoutes, ou encore les Touvains.

Enfin, des cycles annuels de conférences internationales de théologie sont lancés en 2016 : les « Routes de la Soie spirituelles ». Durant leur deuxième édition organisée à Kazan, le grand mufti de Russie Ravil Gaïnoutdine appelle à jeter des « ponts spirituels » entre les pays d'Asie centrale et la Russie. Il émet le vœu de voir la Chine y contribuer.

2.2. Quand la Chine s'éveille

L'acquisition de l'indépendance par les Républiques d'Asie centrale en 1991 pose un double défi à la Chine en termes de sécurité intérieure. Tout d'abord, l'apparition d'États souverains dans la région remet sur le tapis les différends frontaliers qui avaient été gelés sous l'URSS. La Chine développe une politique de bon voisinage qui lui permet de résoudre dès le

[207] Le port de Turkmenbachy pourrait aussi être prochainement relié à un autre port russe : celui d'Olia, situé dans la région d'Astrakhan. La question a été mise sur la table lors d'un Conseil conjoint pour les questions d'entrepreneuriat réuni le 29 avril 2020. https://portnews.ru/news/295276/

début des années 2010 les contentieux qui se font jour avec ses nouveaux voisins kazakhstanais, kirghizstanais et tadjikistanais[208]. L'autre enjeu pour Pékin a trait à l'irrédentisme ouïghour, qui se manifeste par des attaques terroristes épisodiques mais non moins spectaculaires, à l'image de celle perpétrée à Kachgar quatre jours avant le début des Jeux olympiques de 2008. Ethnie turco-mongole adepte de l'islam sunnite, les Ouïghours vivent principalement en Chine (7 millions), dans la région autonome du Xinjiang, frontalière des trois États centrasiatiques susmentionnés où ils disposent de bases arrière. Depuis plusieurs années, Pékin mène une politique de pacification du Xinjiang, reposant à la fois sur une intense colonisation intérieure – l'« hanisation », du nom de l'ethnie dominante en Chine – et sur le développement d'une coopération économique et commerciale poussée avec ses voisins d'Asie centrale.

Et en la matière, ses résultats sont impressionnants. Ainsi, la balance commerciale sino-centrasiatique passe de 460 millions de dollars en 1992 à 30 milliards en 2016[209], contre 18,5 milliards de dollars d'échanges russo-centrasiatiques pour la même année[210]. La Chine s'impose comme le premier partenaire commercial du Kirghizstan et de l'Ouzbékistan, dont elle totalise respectivement 26 % et 18 % des échanges mercantiles en 2019. La Russie la tient encore en respect au Tadjikistan (dont elle occupe 23,3 % des parts de marché contre 14,6 % à la Chine) et au Kazakhstan (20,5 % contre 15 %). Néanmoins, sur la période 2016-2019, la balance commerciale sino-kazakhstanaise a quasiment doublé, passant de 7,9 à 14,4 milliards de dollars. La

---

[208] Cf. note 125, pp. 65-66.

[209] Selon l'ancien ambassadeur de Chine en Ouzbékistan, Son Excellence Sun Lijie. https://tj.sputniknews.ru/radio/20171114/1023883786/knr-tsentralnoy-azii-tovarooborot.html

[210] *Rossia v tsifrakh 2017* [« La Russie en chiffres 2017 »], rapport publié par l'Agence fédérale des statistiques publiques (Rosstat), pp. 476-477, disponible à l'adresse suivante : https://www.gks.ru/free_doc/doc_2017/rusfig/rus17.pdf

progression a été sensible entre 2018 et 2019, avec une augmentation de 22 % pour les importations en provenance de Chine, et de 24 % s'agissant des exportations kazakhstanaises. Cette dynamique des exportations tient principalement aux ventes de pétrole (+42,2 %), et surtout à celles de gaz naturel (+59,6 %)[211], plus que bienvenues pour pallier le revirement du Turkménistan en la matière. La seule véritable ombre au tableau du commerce chinois en Asie centrale concerne, il est vrai, le Turkménistan, qui destinait encore en 2018 la quasi-totalité de ses exportations gazières à la Chine[212]. Mais le ralentissement économique de Pékin et le manque à gagner pour Achkhabad par rapport à l'époque où Moscou était le principal bénéficiaire de ses exportations gazières[213] conduisent à un retour en force de la Russie dans son carnet de commandes dès 2019[214].

Une croissance longtemps exponentielle couplée aux difficultés économiques de la Russie – récession en 2009, sanctions à partir de 2014 – laisse libre cours à une politique chinoise d'investissements tous azimuts en Asie centrale, prioritairement consacrés aux infrastructures énergétiques. Ainsi, la China National Petroleum Corporation (CNPC) met en service un oléoduc Kazakhstan – Chine en 2008, puis un gazoduc Asie

---

211 https://inbusiness.kz/ru/news/top-10-glavnyh-torgovyh-partnerov-kazahstana

212 Cette année-là, le Turkménistan exporte pour 25,3 millions de tonnes de gaz naturel (34,9 milliards de m^3) vers la Chine, dont il couvre 28 % des besoins. Sylvie CORNOT-GANDOLPHE, "China's Quest for Blue Skies: The Astonishing Transformation of the Domestic Gas Market", *Études de l'IFRI*, IFRI, September 2019, p. 18. https://www.ifri.org/sites/default/files/atoms/files/cornot-gandolphe_china_domestic_gas_market_2019.pdf

213 Quand la Russie payait 17 milliards de dollars au Turkménistan pour ses importations de gaz, la Chine ne lui en versait que 10. Généreux investisseur et créancier, Pékin se remboursait littéralement sur ses achats d'or bleu, en imposant à Achkhabad des prix presque dérisoires (cf. note 93, p. 53). Cet exemple illustre le risque auquel s'exposent les États d'Asie centrale à développer une relation de dépendance vis-à-vis de la Chine.

214 Cf. *supra* : « Ouzbékistan, Turkménistan : le retour des « non-alignés » ? », pp. 53-54.

centrale – Chine au départ du Turkménistan un an plus tard. La Banque asiatique d'investissement dans les infrastructures (BAII), créée à Pékin en 2014, finance à hauteur de 60 millions de dollars la réhabilitation de la centrale hydro-électrique de Norak au Tadjikistan[215]. En matière d'extraction minière, le Parlement tadjikistanais avalise la cession en octobre 2019 de la mine d'argent de Iaktchilva (région du Haut-Badakhchan) à Kashgar Xinyu Dadi Mining Investment Company, qui y allouera 40 millions de dollars. Dans le domaine nucléaire, la Chine concurrence la Russie sur le marché kazakhstanais, où la China General Nuclear Power Corporation (CGNPC) étoffe son partenariat avec KazAtomProm depuis 2006. Les deux *holdings* signent des contrats pour la livraison de 40 000 tonnes d'uranium naturel à la Chine et ouvrent deux sociétés conjointes : Semizbaï-U en 2006, pour l'exploitation des gisements d'Irkol (région de Kyzylorda) et de Semizbaï (région d'Akmola) ; Oulba-TVS en 2015, pour la fabrication et la livraison aux centrales chinoises d'assemblages de combustible nucléaire. Par ailleurs, la Chine s'intéresse de plus en plus à l'agriculture centrasiatique. Entre 2015 et 2018, la valeur de ses importations en provenance du Kazakhstan, principalement tirées par le blé, passe de 111 à 258 millions de dollars[216]. Ses sociétés multiplient les investissements dans ce pays, à l'image de Zhongfu Investment Group, qui se dote d'une ligne de production d'huile végétale pour 1,2 milliard de dollars, ou Rifa Investment, qui crée une usine de produits carnés pour 200 millions de dollars[217]. Au Kirghizstan, dans la région de Tchouï, la Chine construit un parc agro-industriel appelé « Iskra-Azia » et dont l'ouverture, initialement prévue pour l'année 2020, a été reportée en raison de l'épidémie de coronavirus. Au Tadjikistan,

---

[215] Elle finance en parallèle l'amélioration de la route frontalière entre Douchanbé et l'Ouzbékistan, pour un coût de 27,5 millions de dollars.

[216] https://inbusiness.kz/ru/news/apk-za-chetyre-goda-eksport-selhozprodukcii-iz-rk-v-kitaj-vyros-v-dva-raza

[217] https://www.fergananews.com/articles/9422

Xinyang Inhai Company cultivait des céréales et du coton sur les 6 300 hectares de terres agricoles qu'elle louait en 2016 dans la région de Khatlon[218], où une autre entreprise chinoise, Djountaï, a implanté un parc technologique spécialisé dans la production textile pour 20 millions de dollars. Durant l'été 2019, l'Ouzbékistan s'est engagé à exporter vers le marché chinois des melons cultivés dans les régions de Djizak, Kachka-Daria, Khorezm et Syr-Daria. Évoquons enfin l'intérêt grandissant de Pékin pour les infrastructures centrasiatiques de transport et de logistique dans le cadre de son projet des « Nouvelles Routes de la Soie », qui fera l'objet de développements spécifiques[219].

Partenaire commercial incontournable et investisseur pluri-sectoriel, la Chine s'est progressivement imposée comme un acteur économique de tout premier plan en Asie centrale. Un certain nombre d'observateurs voient dans la situation actuelle la marque d'un duumvirat russo-chinois. L'Asie centrale serait une zone d'influence co-gérée, où la Russie s'accommoderait du *leadership* économique exercé par la Chine, du moment qu'elle garde le dernier mot s'agissant des questions stratégiques et militaires. La réalité amène cependant à douter de ce supposé *gentlemen's agreement* entre les deux superpuissances.

D'une part, la Chine est très présente dans le domaine de l'antiterrorisme en Asie centrale. Au lendemain des attaques du World Trade Center, elle a signé des accords de coopération renforcée avec les cinq pays de la région. Sans siéger au sein de l'OTSC, la Chine participe à des exercices militaires anti-terroristes communs avec les États centrasiatiques dans le cadre de l'OCS, dont elle est un membre fondateur. À côté de ce cadre institutionnel, elle organise des manœuvres bilatérales :

---

[218] https://www.timesca.com/index.php/news/14875-chinese-rent-over-6-thousand-hectares-of-farmland-in-tajikistan

[219] Cf. *infra* : « Conclusion : La revanche du chameau ? », pp. 123-124.

avec le Tadjikistan dans le corridor de Wakhan[220] en octobre 2016 (lutte contre les trafics de stupéfiants) ; avec le Kirghizstan au Xinjiang en juin 2017 (lutte contre les trafics d'armes). Elle dispense des formations aux gardes-frontières du Tadjikistan et du Kirghizstan, pays auquel elle alloue une aide militaire de 14 millions de dollars en 2017. Elle vend au Turkménistan ses systèmes de défense sol-air HQ-9, HQ-12 et FM-90.

D'autre part, s'il était encore récemment impensable de voir la Chine exploiter la moindre base militaire dans la région, la situation connaît des évolutions sensibles. Pékin aurait déjà créé une base d'entraînement antiterroriste dans le corridor de Wakhan[221]. Et des journalistes du très sérieux *Washington Post* ont décelé début 2019 les traces d'une présence militaire chinoise sur le territoire du Tadjikistan, à proximité de la frontière avec l'Afghanistan[222]. Dans un rapport publié en 2020, le Pentagone juge même probable l'ouverture prochaine d'une base militaire chinoise au Tadjikistan[223]. Il n'est pas non plus à exclure que Pékin complète ce dispositif par l'implantation d'une base militaire au Xinjiang, marquant ainsi l'étape ultime de sa stabilisation. La trajectoire de la Chine en Asie centrale n'est pas sans rappeler la stratégie de sécurisation de ses intérêts

---

[220] Partie du territoire afghan en forme de bec de canard coincée entre le Tadjikistan au nord, la Chine à l'est et le Pakistan au sud.

[221] https://www.scmp.com/news/china/diplomacy-defence/article/2161745/china-building-training-camp-afghanistan-fight

[222] Gerry SHIH, "In Central Asia's forbidding highlands, a quiet newcomer: Chinese troops", *The Washington Post*, February 18, 2019. https://www.washingtonpost.com/world/asia_pacific/in-central-asias-forbidding-highlands-a-quiet-newcomer-chinese-troops/2019/02/18/78d4a8d0-1e62-11e9-a759-2b8541bbbe20_story.html?noredirect=on

[223] "The PRC has likely considered Myanmar, Thailand, Singapore, Indonesia, Pakistan, Sri Lanka, United Arab Emirates, Kenya, Seychelles, Tanzania, Angola, and Tajikistan as locations for PLA military logistics facilities". Pentagon's 2020 China Military Report, September 1st, 2020, p. 128. https://media.defense.gov/2020/Sep/01/2002488689/-1/-1/1/2020-DOD-CHINA-MILITARY-POWER-REPORT-FINAL.PDF

économiques en Afrique où, après avoir porté ses échanges de 2,5 à 127 milliards d'euros entre 1995 et 2017, Pékin a inauguré une base à Djibouti à l'été 2017.

En un mot, la Chine est loin de se contenter d'une présence parcellaire en Asie centrale, ce qui la différencie notablement des puissances occidentales.

2.3. Vu d'Amérique, une zone périphérique d'intérêts stratégiques et économiques

Redoutant de se retrouver prises entre l'enclume russe et le marteau chinois, les Républiques d'Asie centrale ont espéré des États-Unis et de l'Union européenne qu'ils joueraient un rôle de contrepoids. Or, Washington comme Bruxelles se signalent aujourd'hui par une présence somme toute sporadique dans la région.

Il est assez difficile de déceler une ligne directrice constante dans la politique américaine en Asie centrale. Cette dernière s'apparente à une *terra incognita* pour les États-Unis, qui hésitent longtemps entre l'Ouzbékistan et le Kazakhstan comme point d'ancrage local. Durant la décennie 1990, dans une logique de prolongement du *Roll back*[224] et à la faveur du déclin militaire russe révélé par la première guerre de Tchétchénie (1994-1996), Washington cherche à imposer Ankara, son allié d'alors, dans la région. Le soutien américain au projet d'oléoduc Bakou – Tbilissi – Ceyhan (BTC) illustre la volonté de réduire la mainmise de Moscou sur l'évacuation des hydrocarbures caspiens. La « guerre contre le terrorisme » attire militairement les États-Unis en Asie centrale, qui leur sert de plateforme logistique vers l'Afghanistan. Les Américains exploitent des bases aériennes en Ouzbékistan (Karchi-Khanabad) et au Kirghizstan (Manas). En parallèle, ils lancent

[224] Doctrine de politique étrangère élaborée en 1952 par John Foster Dulles, secrétaire d'État américain sous la présidence de Dwight Eisenhower (1953-1961), pour refouler l'influence de la Russie soviétique.

le *Caspian Guard Initiative*, voué à renforcer les capacités du Kazakhstan et de l'Azerbaïdjan à défendre leur espace maritime et leurs gisements d'hydrocarbures caspiens[225].

Cette présence militaire américaine en Asie centrale – les *GIs* quittent l'Afghanistan en 2014 – n'a qu'assez peu d'incidences sur le plan économique. Certes, les *Majors* américaines Chevron et ExxonMobil exploitent les méga-gisements de Kachagan, Karatchaganak et Tenguiz, et Washington appuie l'adhésion à l'OMC du Kirghizstan (1998), du Tadjikistan (2013) et du Kazakhstan[226] (2015). Mais le poids des États-Unis dans le commerce extérieur de ces pays est anecdotique[227].

Les États-Unis soutiennent surtout la création d'infrastructures en Asie centrale, que ce soit par le biais du *Central Asia Regional Economic Cooperation* (CAREC) diligenté par la Banque asiatique de développement[228], ou à travers leur propre concept de *New Silk Road*, annoncé par la secrétaire d'État Hillary Clinton en 2011. D'ambitieux projets sont conduits dans ce cadre aux fins d'intégrer l'Asie centrale à l'Asie méridionale : par exemple, le gazoduc de désenclavement Turkménistan – Afghanistan – Pakistan – Inde (TAPI)[229], ou le

---

[225] Mentionnons le non moins éphémère *Central Asian Battalion* (Centrazbat), unité conjointe de maintien de la paix créée en 1997 avec le Kazakhstan, le Kirghizstan et l'Ouzbékistan et financée par l'OTAN.

[226] Du 8 au 11 juin 2020, Nour-Soultan devait accueillir la douzième Conférence ministérielle de l'OMC, reportée pour cause de coronavirus.

[227] 2 % au Kazakhstan, 1,4 % en Ouzbékistan, 1 % au Tadjikistan et moins de 0,5 % au Kirghizstan en 2019.

[228] Entre 1997 et 2012, une centaine de projets pour un montant d'investissement supérieur à 20 milliards de dollars sont conduits dans la région dans le cadre de ce programme. Mirzokhid RAKHIMOV, "Central Asia in the Context of Western and Russian Interests", *L'Europe en formation*, 2015/1 (n°375), p. 146. https://www.cairn.info/revue-l-europe-en-formation-2015-1-page-140.htm

[229] Un sérieux coup d'accélérateur a récemment été mis par le Turkménistan. Les négociateurs dépêchés auprès des chefs tribaux et des Talibans en Afghanistan ont déjà obtenu toutes les garanties en termes de sécurité, et le président Berdymoukhamedov vient de nommer Igor Makarov, un Russe du

projet de ligne électrique CASA-1000 entre le Kirghizstan, le Tadjikistan, l'Afghanistan et le Pakistan (*Central Asia-South Asia power project*). Animés par la volonté de découpler la région de l'orbite iranienne, les États-Unis n'hésitent pas à faire pression sur les régimes locaux pour qu'ils limitent leur coopération avec Téhéran[230].

Les intrigues de l'organisation non-gouvernementale *Open Society Foundations* (OSF) du milliardaire George Soros lors de la Révolution des Roses (Géorgie, 2003), la Révolution orange (Ukraine, 2004) et la Révolution des Tulipes (Kirghizstan, 2005)[231] ont fini par braquer les dirigeants centrasiatiques. Quant aux opinions publiques, elles ne comprennent pas la mise en sourdine des critiques américaines sur la situation des droits de l'homme en Asie centrale, tout en réprouvant les agissements de Washington en Irak durant la deuxième guerre du Golfe. Paradoxalement, l'Amérique conserve un pouvoir d'attraction dans la région, notamment sur le plan culturel. Les étudiants bénéficiant du programme de bourse internationale Bolachak (Kazakhstan) privilégient les échanges universitaires avec les États-Unis à ceux proposés avec la Russie. L'introduction d'enseignements en langue anglaise permet à l'Amérique de se faire une place honorable dans les anciennes colonies russes.

Dans l'ensemble, l'Asie centrale constitue une zone tampon pour les États-Unis, qui l'emploient à une stratégie de marginalisation de leurs principaux contradicteurs sur la scène internationale que sont la Russie, la Chine et l'Iran.

Turkménistan qui a fait fortune dans le gaz, en tant qu'expert pour relancer le projet. Entretien accordé à l'auteur par Gilles Rémy, PDG du groupe français CIFAL, le 18 septembre 2019.

[230] Par exemple, les États-Unis ont incité le Kazakhstan à se détourner des sociétés iraniennes pour mener à bien la rénovation du port maritime d'Aktaou. Bayram BALCI, *Ibid.*, p. 141.

[231] Cf. notes 116, p. 61 ; 117, pp. 61-62 ; et 118, p. 62.

2.4. L'Union européenne en Asie centrale : géant économique, nain politique

À l'inverse de Washington, Bruxelles est un partenaire commercial majeur de la région. Des accords de partenariat et de coopération (APC) existent avec les États locaux[232]. Ceux-ci bénéficient tous du système de préférences généralisées (SPG), qui facilite leurs exportations vers le marché communautaire par un abaissement des droits de douane. Entre 2016 et 2019, le commerce bilatéral UE – Asie centrale passe de 21 à 28,5 milliards d'euros (+36 %). Principalement tirée par les importations (+46 %), la balance commerciale de l'UE reste structurellement déficitaire vis-à-vis de l'Asie centrale (-9,6 milliards d'euros en 2019)[233].

Quatre pays membres de l'UE figurent parmi les principaux partenaires commerciaux du Kazakhstan sur l'année 2019 : il s'agit de l'Italie (troisième), des Pays-Bas[234] (cinquième), de la France (sixième) et de l'Espagne (dixième). Le Kazakhstan leur vend quasi exclusivement du pétrole – l'or noir domine plus de 95 % de ses exportations destinées aux marchés italien et espagnol –, et se fournit en produits pharmaceutiques et équipements médicaux. En outre, l'Italie lui livre des matériels de robinetterie, et la France, des produits cosmétiques et hygiéniques, ainsi que des engrais. De son côté, l'Allemagne s'illustre en Ouzbékistan dont elle est le sixième partenaire en affaires

---

[232] Bruxelles a conclu des APC avec le Kazakhstan, le Kirghizstan et l'Ouzbékistan entre 1995 et 1996 (ratifiés par les Parlements nationaux et européen en 1999) ; avec le Turkménistan en 1998 (ratifié en 2009) ; avec le Tadjikistan en 2004 (ratifié en 2010). Un accord de partenariat et de coopération renforcé (APCR) a été scellé avec le Kazakhstan en 2017 (ratifié en 2018), deux autres sont en cours de négociation avec le Kirghizstan et l'Ouzbékistan.

[233] https://webgate.ec.europa.eu/isdb_results/factsheets/region/details_central-asia-5_en.pdf

[234] Les Pays-Bas sont également le principal investisseur étranger au Kazakhstan, avec près de 7,5 milliards de dollars injectés dans son économie en 2019. https://www.inform.kz/ru/ob-em-valovogo-pritoka-inostrannyh-investiciy-v-kazahstan-dostig-poryadka-350-mlrd_a3635158

(2,3 % des échanges à l'international en 2019), de même qu'au Tadjikistan (septième, 1,7 %). Enfin, deux autres pays européens méritent une mention particulière : le Royaume-Uni, premier client du Kirghizstan dont il capte 42 % des exportations en 2019 (or et argent, pour l'essentiel) ; la Suisse, partenaire commercial de premier plan au Tadjikistan et au Kazakhstan, dont elle représente environ 5 % et 3 % des balances commerciales respectives.

Les grands groupes allemands, britanniques, italiens et français constituent les principaux fers de lance économiques de l'UE dans la région. Siemens livre des matériels pour équiper des cliniques locales et pour réhabiliter les réseaux de distribution d'énergie au Turkménistan et au Kazakhstan[235]. Le projet Kachagan en mer Caspienne mobilise les compagnies pétrolières Royal Dutch Shell (Royaume-Uni et Pays-Bas), Eni (Italie) et Total (France), laquelle mène un autre projet pétro-gazier au Kazakhstan : celui de Dounga (région de Manguistaou). Total opère également en Ouzbékistan, où elle commercialise des lubrifiants, des fluides spéciaux et des produits raffinés, ainsi qu'au Tadjikistan, où elle détient un tiers des actions de la mine pétro-gazière de Bokhtar.

Les sociétés françaises se signalent dans l'ensemble par de beaux succès commerciaux en Asie centrale. À travers son projet « Astainable », Eiffage a mis en œuvre une modélisation 3D des savoir-faire contributeurs à l'émergence d'une ville durable dans la capitale kazakhstanaise. Alstom fabrique pour le compte de l'Azerbaïdjan des locomotives de fret électriques sur le site d'EKZ, sa co-entreprise avec Kazakhstan Temir Joly. En février 2012, le groupe s'était engagé auprès de Barqi Tojik à livrer un poste électrique de 500 kV destiné à la centrale hydro-

---

[235] Pour accroître son poids économique au Kazakhstan, Berlin s'appuie sur la présence d'une minorité germanophone, dont l'origine remonte à la déportation des Allemands de la Volga durant la Seconde Guerre mondiale. Elle compte à Almaty un bureau de représentation commerciale pour l'ensemble de la région.

électrique de Norak, moyennant 30 millions d'euros. Présent au Kazakhstan depuis 1996 à travers KATCO, société conjointe créée avec KazAtomProm, Orano (ex-Areva) a signé en septembre 2019 un accord de coopération nucléaire avec l'Ouzbékistan. En octobre 2018, le gouvernement de Tachkent a conclu un contrat avec Total Eren relativement à la création d'une centrale photovoltaïque de 100 MW dans la région de Samarcande. Ce projet d'une valeur de 150 millions d'euros est conçu pour une période de vingt-cinq ans. Plus récemment, en mai 2020, le groupe Aéroports de Paris, *via* sa filiale turque TAV Airports, a fait main basse sur le principal aéroport centrasiatique, situé à Almaty, pour 415 millions de dollars. Un programme de modernisation à hauteur de 150 millions de dollars était annoncé dans la foulée. Le mois suivant, les appels d'offres lancés par la capitale ouzbékistanaise pour la rénovation de ses réseaux de distribution d'eau et de chaleur étaient respectivement remportés par Suez (142 millions d'euros ; sept ans) et Veolia (1,4 milliard d'euros ; trente ans).

Puissance reconnue dans les domaines technique et normatif – à la différence de sa rivale locale, l'UEEA –, l'UE met en œuvre de nombreux programmes de développement en Asie centrale, tout en s'abstenant de critiques trop poussées sur la nature des régimes en place. Une Assistance technique en faveur de la Communauté des États indépendants et de la Géorgie (TACIS) est lancée dès 1991 pour faciliter la transition de ces pays vers l'économie de marché et la démocratie. En 1993, c'est le programme Couloir de transport Europe – Caucase – Asie (TRACECA) qui est déclenché, afin d'arrimer l'Asie centrale au Vieux Continent par le truchement de voies de communication routières, ferroviaires, maritimes et aériennes contournant la Russie et l'Iran. Tous les États d'Asie centrale sont concernés par le projet *Interstate Oil and Gas Transport to Europe* (INOGATE), qui prône une coopération énergétique avec les pays riverains des mers Noire et Caspienne jusqu'en 2016. Les outils *Border Management in Central Asia*

(BOMCA) et *Central Asia Drug Action Programme* (CADAP) mettent respectivement l'accent sur la gestion des frontières et des phénomènes migratoires et sur la lutte contre les trafics de drogue[236]. La dernière stratégie adoptée par le Conseil en 2019 – « L'UE et l'Asie centrale : de nouvelles opportunités pour un partenariat renforcé » – s'assigne pour principaux objectifs la « résilience » des Républiques centrasiatiques face aux crises externes et internes, et leur « prospérité », sous-tendant des plans d'investissement dans les nouvelles générations et dans la modernisation des économies. Bruxelles estime que l'émergence d'États de droit, le développement des échanges, ainsi qu'une meilleure gestion des enjeux frontaliers, hydriques et environnementaux en Asie centrale – auxquels elle alloue plus d'un milliard d'euros d'aides sur la période 2014-2020 – constituent les remèdes les plus efficaces face aux principales menaces qui la guettent.

[236] Le Vieux Continent constitue le marché principal pour l'écoulement des drogues produites en Afghanistan. L'Observatoire européen des drogues et des toxicomanies dénombrait trois itinéraires majeurs en 2015 : une « route traditionnelle des Balkans », transitant par l'Iran et la Turquie ; une voie « méridionale » au départ de la côte de Makran au Pakistan, menant à la péninsule Arabique et à l'Afrique australe ; un circuit « septentrional », enfin, parcourant l'Asie centrale puis la Russie, pour atteindre les pays baltes et la Pologne. https://www.emcdda.europa.eu/system/files/publications/2747/Opioid%20trafficking%20routes_POD2015_FR.pdf

3. Une mutualisation des risques

L'Asie centrale représente un foyer d'instabilité pour la Russie. Celle-ci l'expose à des risques de nature économique.

3.1. L'Asie centrale, un laboratoire du terrorisme islamiste aux portes de la Russie

La vague d'indépendances qui déferle sur l'Asie centrale en 1991 y réhabilite l'islam en tant que moyen d'expression public et collectif. Très tôt, les « nouvelles » équipes au pouvoir mettent en œuvre des politiques de régulation du fait religieux conformes à la tradition soviétique, donc marquées par un fort interventionnisme. Pilier incontournable des identités nationales, l'islam suscite leur méfiance par sa capacité à mobiliser les laissés-pour-compte. Sur le plan institutionnel, cela se traduit par la création de Directions nationales des affaires spirituelles – parfois complétées par d'autres structures : Comité d'État pour les affaires religieuses en Ouzbékistan, Conseil des affaires religieuses au Tadjikistan –, qui prennent le relais de feue la Direction spirituelle des musulmans d'Asie centrale et du Kazakhstan (SADOuM). Idéologiquement, un islam vertueux – comprendre : complaisant envers les régimes en place – est encouragé, et tout courant qui ne s'inscrirait pas dans ce « prêt-à-penser islamique »[237] se voit implacablement taxé d'extrémisme, et à ce titre proscrit. Par-delà les indépendances, les amalgames entre opposition islamique et islamisme rétrograde continuent de jouer à plein en Asie centrale.

La question du radicalisme religieux se pose rapidement aux deux pays les plus profondément islamisés de la région. Le Tadjikistan met fin à sa guerre civile en invitant, sur pressions russe et iranienne, le PRI à déserter le champ des armes pour celui des urnes, avant de le déclarer illégal en 2015, ce qui risque de le déstabiliser à nouveau. Redoutant une contagion de

---

[237] Bayram BALCI, *Ibid.*, p. 289.

la crise tadjikistanaise, l'Ouzbékistan interdit dès 1992 la création de partis politiques sur la base de critères religieux, mais cela n'empêche pas l'émergence, dans la vallée de Fergana, du principal groupe terroriste centrasiatique : le Mouvement islamique d'Ouzbékistan (MIO). La trajectoire du MIO, qui prône l'instauration de la *charia* dans le pays, avant de s'exiler en Afghanistan, puis de s'inféoder à l'État islamique en Irak et au Levant (Daech) durant l'été 2015, met en lumière les spécificités de la radicalisation à l'œuvre en Asie centrale.

Tout d'abord, on remarque que les factions locales ont tendance à s'affilier aux principaux groupes terroristes internationaux du moment : l'Union du djihad islamique à Al-Qaïda ; la Sabri Jamaat à Daech ; la Katiba Tawhid Al-Djihad, la Jamaat imam Boukhari et le Parti islamique du Turkestan au Front Fatah Al-Cham.

Ensuite, dans la mesure où ni Al-Qaïda, ni Daech, ni le Front Fatah Al-Cham ne sont directement implantés en Asie centrale, la formation des apprentis terroristes locaux est externalisée. Kazakhs, Kirghizes, Ouïghours, Ouzbeks, Tadjiks et Turkmènes partent donc faire l'école de la guerre en Afghanistan, en Irak, et surtout en Syrie, qui comptait entre 1 500 et 4 000 ressortissants centrasiatiques en 2015[238]. Ils y croisent régulièrement le fer avec l'armée russe. Ainsi, en septembre 2015, la Katiba Tawhid Al-Djihad – détachement ouzbek du Front Fatah Al-Cham – revendique une attaque au lance-roquettes contre la base aérienne russe de Hmeimim, dans la province de Lattaquié[239]. En octobre 2019, une trentaine de djihadistes originaires d'Ouzbékistan, du Turkménistan, mais également de Tchétchénie, sont liquidés par l'armée de l'air russe, qui pilonne les

---

238 https://www.bbc.com/news/world-asia-32960340

239 https://www.longwarjournal.org/archives/2015/09/al-qaeda-brigade-claims-attack-on-russian-forces.php

positions du groupe Tanzim Hurras ad-Din à Al-Ghaab, dans la province d'Idleb[240].

Enfin, les terroristes d'Asie centrale emploient l'expérience acquise sur les théâtres de guerre extérieurs pour tenter de semer le chaos dans leur pays d'origine. Longtemps réputé pour sa stabilité sur le plan sécuritaire, le Kazakhstan paye un lourd tribut au retour de ces indésirables. Sur la seule année 2016, Daech frappe les villes d'Aktioubé (opérations commando contre des armureries et contre une base de la Garde nationale les 5 et 10 juin) et d'Almaty (fusillade dans un commissariat le 18 juillet). Au Kirghizstan, la Katiba Tawhid Al-Djihad commet une attaque à la voiture piégée contre l'ambassade de Chine le 30 août 2016. En 2013, les forces de sécurité de ce pays avaient appréhendé deux Kirghizstanais et un Kazakhstanais de retour de Syrie, qui planifiaient une série d'explosions à l'occasion du treizième sommet des chefs d'État de l'OCS réuni à Bichkek les 12 et 13 septembre.

Les djihadistes centrasiatiques font également planer une menace directe sur la sécurité intérieure russe. Le 3 avril 2017, un Kirghizstanais membre du Bataillon de l'imam Chamil, groupuscule se réclamant d'Al-Qaïda, se fait exploser dans le métro de Saint-Pétersbourg, tuant quinze personnes. Ses onze complices originaires du Kirghizstan, d'Ouzbékistan et du Tadjikistan seront tous condamnés par la justice russe à de lourdes peines d'emprisonnement le 10 décembre 2019. En décembre 2017, le FSB neutralise dans la région de Moscou trois Centrasiatiques affiliés à Daech qui préparaient une série d'attentats pour les fêtes de fin d'année. En mai 2018, en collaboration avec les services secrets du Kirghizstan et du Tadjikistan, le FSB appréhende à Moscou et à Saint-Pétersbourg des Centrasiatiques qui projetaient plusieurs attaques lors de la Coupe du monde de football en Russie. En novembre 2019, le

---

[240] https://www.almasdarnews.com/article/russian-air-force-launches-heavy-strikes-over-idlib/

Comité d'enquête interpelle un ressortissant kirghizstanais soupçonné de cibler le métro de Moscou. Toujours dans la capitale russe, une cellule de Daech composée de trois Centrasiatiques et de deux Russes est démantelée par le FSB un mois plus tard[241].

Nombre de ces aspirants terroristes d'Asie centrale emmènent femmes et enfants sur les routes du djihad, mais tel n'est pas toujours le cas. Les familles restées au pays sont potentiellement sujettes à radicalisation[242]. Les veuves et les orphelins des combattants tombés sur le front du djihad international peuvent être tentés de céder aux sirènes des idéologues fanatiques qui utilisent l'Internet russophone (le *RuNet*) et les réseaux sociaux à des fins de propagande et de recrutement. L'attentat planifié le 16 décembre 2017 contre la cathédrale Notre-Dame-de-Kazan à Saint-Pétersbourg – déjoué par le FSB grâce à des renseignements fournis par la CIA – révèle que les cellules dormantes en Russie et en Asie centrale reçoivent aussi leurs instructions par ces canaux (l'application russe de messagerie mobile chiffrée Telegram, dans le cas d'espèce).

---

[241] Il serait erroné d'attribuer la responsabilité des attentats estampillés Daech commis sur le sol russe aux seuls Centrasiatiques. Les attaques au couteau dans les rues de Sourgout (district autonome des Khantys-Mansis, le 19 août 2017) et la fusillade à la sortie de l'église Saint-Georges à Kizliar (République du Daghestan, le 18 février 2018) ont été le fait de jeunes locaux. Quant à l'explosion qui fit treize blessés dans un supermarché de Saint-Pétersbourg le 27 décembre 2017, quoique revendiquée par Daech, elle est imputable à un déséquilibré se réclamant d'un mouvement nationaliste (New Age), dont les connexions ne sont pas flagrantes avec l'organisation terroriste.

[242] De nombreux enfants mineurs sont enrôlés par des organisations terroristes. En janvier 2015, Daech diffuse la vidéo de l'exécution par balles de deux agents du FSB par un garçon kazakh âgé d'une dizaine d'années. https://www.francetvinfo.fr/monde/proche-orient/offensive-jihadiste-en-irak/une-video-de-l-etat-islamique-montre-un-enfant-executer-deux-agents-russes_796103.html

Tous ces faits soulèvent en creux la question de la sécurité de l'information, dont les *leaders* centrasiatiques ont conscience qu'elle ne ressortit pas exclusivement à la perpétuation de leurs régimes politiques, mais aussi à la sécurité des États qu'ils dirigent. Les organisations régionales ont pris des initiatives en la matière. L'OCS a adopté une déclaration conjointe relative à la sécurité de l'information internationale en 2006[243]. Surtout, l'OTSC a lancé une opération de lutte contre la cybercriminalité baptisée « Proxy », qui a permis en 2015 de fermer 57 000 sites internet chargés de recruter des Centrasiatiques pour le compte de Daech[244]. Malheureusement, ces efforts pourraient n'avoir que des incidences toutes relatives à moyen terme. Il semble qu'il faille en effet davantage chercher du côté de la démocratisation et de l'introduction de plus de justice sociale dans la gouvernance de ces États pour tenter d'y affaiblir le potentiel d'attraction des apôtres du radicalisme. Les problèmes de corruption et les difficultés socio-économiques telles que le chômage de masse et la pauvreté nourrissent durablement les extrémismes. Une situation d'autant plus préoccupante que la Russie apparaît également une source de déstabilisation économique de l'Asie centrale.

3.2. La Russie, source de déstabilisation économique de l'Asie centrale

Le 18 mars 2014, Vladimir Poutine signe au Kremlin le Traité d'adhésion de la République de Crimée à la Fédération de Russie. L'annexion par Moscou de la péninsule et de Sébastopol, incorporée en tant que ville à statut fédéral, suscite une levée de boucliers diplomatiques, qui prend rapidement un tour économique. Les pays occidentaux – États européens membres ou non de l'UE, États-Unis, Canada –, le Japon et l'Australie imposent des sanctions aux filières énergétique, bancaire, agro-

[243] Cf. note 128, p. 67.

[244] http://sana.sy/ru/?p=49661

alimentaire et militaire de l'économie russe, qui ne tarde pas à en ressentir les effets : crise du change[245], récession de plus de 3,5 % et inflation de 10 % sur l'ensemble de l'année…

Cette situation a des conséquences directes sur l'Asie centrale. En plus d'entraver la politique russe d'investissement dans la région, laissant le champ libre à la Chine dans les projets d'infrastructures[246], la dépréciation du rouble érode la compétitivité des exportations locales destinées à la Russie : ainsi de l'acier du Kazakhstan ou des denrées agro-alimentaires du Kirghizstan et du Tadjikistan, deux pays qui entendaient tirer profit des embargos décrétés par Moscou en août 2014 et en janvier 2016 pour damer le pion à leurs concurrents occidentaux et turcs sur ce marché. Bien au contraire, le rouble faible consolide le poids de la Russie en tant que fournisseur des marchés locaux. En outre, la conjoncture tire à la baisse les remises de fonds des travailleurs centrasiatiques expatriés en Russie[247], ainsi que le nombre des emplois qui leur sont accessibles dans ce pays, poussant une partie d'entre eux à regagner leur patrie.

La crise monétaire russe accroît la volatilité sur les marchés de change locaux, dont les devises – tenge (KZT), som (KGS),

---

[245] Entre l'été et la fin de l'année 2014, le rouble se déprécie de près de 50 % face à l'euro et au dollar. Le 15 décembre 2014, un euro s'échange contre soixante-treize roubles. Le lendemain, l'euro franchit le seuil symbolique des cent roubles, provoquant un *krach* à la Bourse de Moscou. https://www.latribune.fr/bourse/devises-forex/20141216tribd709ff9bf/russie-le-rouble-reprend-sa-chute-malgre-l-envolee-du-taux-directeur.html

[246] Cf. *supra* : « Quand la Chine s'éveille », pp. 102-104.

[247] Selon la Banque centrale de Russie, les transferts d'argent en provenance de Russie à destination des pays d'Asie centrale ont diminué de 60 % entre 2014 et 2015, totalisant 5,065 milliards de dollars répartis comme suit : 2,37 milliards pour l'Ouzbékistan, 1,278 milliard pour le Tadjikistan, 1,083 milliard pour le Kirghizstan, 318 millions pour le Kazakhstan et 16 millions pour le Turkménistan. http://avesta.tj/2017/03/22/obem-denezhnyh-perevodov-iz-rossii-v-strany-tsentralnoj-azii-v-2016-godu-vyros-do-6-980-mlrd/

sum (UZS), somoni (TJS) et manat (TMT) – restent dépendantes du rouble. La grippe du rouble fait éternuer les marchés centrasiatiques avec une envolée des prix à la consommation (+7,5 % en 2014 et +6,5 % en 2015 au Kirghizstan, selon la Commission nationale pour les statistiques de la République kirghize) et une accélération de l'inflation (10,5 % en 2014 au Kirghizstan ; pic de 17,6 % atteint en août 2016 au Kazakhstan, selon la Direction générale du Trésor). Les gouvernements centrasiatiques prennent des mesures pour maintenir leur économie à flot. Les Banques centrales du Kazakhstan et du Turkménistan dévaluent de 19 % leur devise nationale par rapport au dollar – en février 2014 pour le tenge, en janvier 2015 pour le manat[248]. La Banque centrale du Tadjikistan intervient sur le marché des changes à hauteur de 137 millions de dollars en 2014 ; celle du Kirghizstan décaisse 200 millions l'année suivante.

Arrêtons-nous enfin sur le Kazakhstan, État d'Asie centrale dont les liens étroits avec Moscou l'exposent le plus fortement aux effets pervers du mal-être économique russe. La chute vertigineuse du cours du Brent, passé de 110 à 35 dollars le baril entre mi-2014 et début 2016[249], aggrave les choses dans un pays tirant de ses ventes pétrolières la majorité de ses revenus. Durant cette période, le Kazakhstan voit le volume de ses exportations divisé par deux, diminuant ses rentrées budgétaires et les prévisions de croissance des autorités. De plus, la

[248] Quant à la dévaluation de 92 % du sum ouzbékistanais opérée en septembre 2017, elle participe d'une logique différente : la libéralisation de la politique monétaire, décrétée par le président Mirzioïev. https://otyrar.kz/2017/09/uzbekistan-devalviroval-svoyu-valyutu-na-92/

[249] À partir de la fin de l'année 2016, les quatorze États membres de l'Organisation des pays exportateurs de pétrole (OPEP) s'entendent avec dix autres producteurs pétroliers de premier plan, dont la Russie et le Kazakhstan, pour limiter leur production afin de soutenir les cours mondiaux. La Charte de coopération OPEP+ signée à Riyad le 14 octobre 2019 reconduit jusqu'en 2020 l'abaissement de leur offre cumulée à 1,2 million de barils par jour (mbj) et officialise l'alliance jusqu'alors informelle entre ces vingt-quatre pays.

proximité du marché russe provoque, au plus fort de la récession, entre fin 2014 et début 2015, un appel d'air chez les consommateurs kazakhstanais, attirés par ses produits ultra-concurrentiels (nourriture, voitures...). Soucieux d'enrayer l'effritement de sa consommation et de sa production intérieures – un phénomène particulièrement marqué dans ses régions septentrionales –, le Kazakhstan en vient même à soumettre une demande pour le moins ubuesque à la Russie : réintroduire des barrières à l'entrée pour limiter ce commerce transfrontalier, quelques semaines à peine après le lancement de l'UEEA ! Par ailleurs, le 11 novembre 2014, lors d'une « adresse à la Nation », le président Nazarbaïev annonce un plan de relance de 9 milliards de dollars. Baptisé « Nourly Jol » (« Chemin lumineux », en langue kazakhe), ce programme de rénovation et de réalisation d'infrastructures industrielles et de transports routiers, ferroviaires et portuaires est principalement financé par le fonds souverain Samrouk-Kazyna, des sociétés privées et des capitaux chinois[250]. Antique cité des Routes de la Soie qui tomba en désuétude comme tant d'autres lorsque les navires prirent l'ascendant sur les caravanes, la ville frontalière de Khorgos[251], où Nour-Soultan et Pékin développent de concert un port sec, symbolise, bien au-delà de ces synergies sino-kazakhstanaises, la résurgence d'une Asie centrale en quête de polarité.

---

[250] https://www.novastan.org/fr/kazakhstan/malgre-la-crise-le-kazakhstan-multiplie-les-grands-chantiers-de-developpement/

[251] Khorgos a montré son rôle de facilitateur des échanges bilatéraux lorsqu'en juin 2020, le groupe chinois Universal Energy s'en est servi pour livrer trois pales géantes à la centrale éolienne en cours de construction à Janatas (région de Jambyl), en dépit de la fermeture des frontières terrestres entre la Chine et le Kazakhstan pour cause d'épidémie de coronavirus. https://www.evwind.es/2020/05/09/china-made-wind-turbines-travel-a-long-way-to-boost-wind-energy-in-kazakhstan/74665

CONCLUSION

La revanche du chameau ?

> « Les deux méharis, pliant les genoux, allongèrent leurs longues têtes sur l'herbe qui tapissait la route. Clovis Dardentor et le guide prirent terre – expression assez juste, puisque le chameau, au dire des Arabes, est le "vaisseau du désert". »
>
> (Jules Verne, *Clovis Dardentor*)

La Russie et l'Asie centrale se trouvent à la croisée des chemins.

Ce postulat tient en premier lieu aux signes de scepticisme émanant de la Russie. On pense avant tout à sa politique d'autonomisation stratégique vis-à-vis de l'Asie centrale. L'augmentation des lancements de fusées Soïouz depuis les pas de tir de Sinnamary en Guyane française et de Vostotchny inauguré dans la région de l'Amour en 2016 montre une nette volonté de l'Agence spatiale fédérale russe (Roscosmos) de se départir du cosmodrome de Baïkonour au Kazakhstan, site exploité au prix fort depuis 1991. Dans le même ordre d'idées, afin de pérenniser la fabrication des avions de transport militaire Iliouchine Il-76 sous-traités par l'URSS à l'Association de production aéronautique de Tachkent V. P. Tchkalov (TAPOiTch), une partie du personnel et des équipements de cette dernière se voit relocalisée entre 2008 et 2010 à Oulianovsk, au sein de l'usine Aviastar-SP[252].

Par ailleurs, quoique se maintenant en bonne position dans le commerce courant de la région centrasiatique, la Russie y mène une politique industrielle relativement modeste, selon Gilles Rémy, rencontré à Paris le 18 septembre 2019. Le PDG du groupe CIFAL estime que la Fédération est désormais dépassée par le Japon et la Corée du Sud dans les grands projets d'infrastructures locaux, de même que par la Turquie dans le secteur de la construction. Quant à la France, elle tire son épingle du jeu dans le domaine de la coopération spatiale, notamment avec le Kazakhstan et l'Ouzbékistan.

Sans doute plus anecdotique, la fréquentation touristique n'en est pas moins porteuse d'enseignements. Fort du canyon de Charyne et de la station thermale de Borovoïe, le Kazakhstan accueillait 3,163 millions de voyageurs en provenance de Russie en 2019, à en croire les chiffres publiés par l'Agence fédérale du tourisme (Rostourizm)[253]. Ce qui en fait de très loin le pays d'Asie centrale le plus prisé des touristes russes, mais le place largement en deçà des chiffres turc (6,756 millions), abkhaze (4,787 millions) et finlandais (3,653 millions). Du Gour Emir (tombeau de Tamerlan) et du Régistan de Samarcande au Mausolée des Samanides et au Tchor Minor de Boukhara, on peut s'étonner que les splendeurs de l'Ouzbékistan suscitent moins d'intérêt auprès des vacanciers russes que les plages et les gratte-ciels futuristes émiratis (avec respectivement 196 000 et 968 000 visiteurs sur la même période).

L'auteur de ces lignes s'est lui-même heurté, incrédule, à une réticence – pour ne pas dire une profonde indifférence –

---

[252] https://bmpd.livejournal.com/693302.html

[253] https://www.russiatourism.ru/contents/statistika/statisticheskie-pokazateli-vzaimnykh-poezdok-grazhdan-rossiyskoy-federatsii-i-grazhdan-inostrannykh-gosudarstv/vyborochnaya-statisticheskaya-informatsiya-rasschitannaya-v-sootvetstvii-s-ofitsialnoy-statisticheskoy-metodologiey-otsenki-chisla-vezdnykh-i-vyezdnykh-turistskikh-poezdok/

de la part de nombre de ses connaissances moscovites, lorsque l'envie lui a pris de partager avec elles ses réflexions sur les relations russo-centrasiatiques. Il n'y aurait pas là matière à faire un livre ! Ce ressenti personnel n'a évidemment pas valeur d'oracle, mais à son niveau, il traduit un rapport dégradé de la Russie à une région à laquelle elle alloue pourtant des milliards de dollars d'investissements et d'aides publiques[254], et dont elle constitue le premier employeur à l'international.

La reconfiguration des relations russo-centrasiatiques s'explique en outre par les opportunités que l'Asie centrale, modestement peuplée, en marge des principaux pôles de développement économique de la planète, se voit offrir pour s'insérer davantage dans la mondialisation. Ainsi, potentiellement, en va-t-il de l'accord déjà évoqué sur le statut de la mer Caspienne signé à Aktaou le 12 août 2018. Mais aussi, et surtout, du projet titanesque dit des « Nouvelles Routes de la Soie ».

À l'heure où les routes maritimes, principal vecteur du commerce international, traversent de fortes turbulences (piraterie dans le détroit de Malacca et dans le golfe d'Aden, récente confiscation d'un *tanker* britannique par la marine iranienne dans le détroit d'Ormuz), l'Empire du Milieu, puissance continentale s'il en est, entreprend de faire de l'Asie centrale le théâtre d'un ambitieux bouleversement géoéconomique, à contre-courant de plusieurs siècles de pratique des échanges. Lancées par Xi Jinping le 7 septembre 2013 depuis l'Université Nazarbaïev, les Nouvelles Routes de la Soie se proposent en effet de revivifier les voies commerciales qui lièrent jadis la Chine au Moyen-Orient et à l'Europe, *via* les contrées centrasiatiques. Preuve de l'importance stratégique accordée par les autorités chinoises à ce projet estimé à plusieurs milliers de

[254] https://rg.ru/2017/10/04/lavrov-pomoshch-rf-centralnoj-azii-prevysila-6-milliardov-dollarov.html

milliards de dollars : l'institutionnalisation croissante dont il fait l'objet, à travers l'établissement à Pékin en 2014 de la Banque asiatique d'investissement dans les infrastructures (BAII) et d'un Fonds de la Route de la Soie, ou encore l'organisation, depuis 2018, de *fora* internationaux annuels. Dans les faits, la Chine développe en Asie centrale une myriade de corridors transfrontaliers pour le transport de fret. Elle met particulièrement l'accent sur la connectivité autoroutière[255] et ferroviaire[256], avec une explosion du transit de conteneurs sur rail destiné au marché européen à travers le Kazakhstan depuis 2011[257]. Pékin a récemment cherché à coordonner ses Nouvelles Routes de la Soie avec la Nourly Jol et avec l'UEEA. Si l'accord scellé en septembre 2016 fait sens au regard de l'identité de nature existant avec le plan de relance kazakhstanais, la déclaration d'intégration des projets chinois et russe signée en mai 2015 suscite davantage de scepticisme[258].

---

[255] Inauguration d'autoroutes entre le Xinjiang (Urumqi et Kachgar) et le Kirghizstan (Och et Bichkek) en 2017, du tracé Tachkent – Andijan – Och – Irkechtam – Kachgar en 2018, avant celle de quatre voies qui lui permettent de rallier l'Europe de l'Ouest à travers le Kazakhstan à partir de 2020.

[256] Longtemps débattu, le chantier de la ligne Chine – Kirghizstan – Ouzbékistan a enfin démarré en 2018. L'Ouzbékistan s'est raccordé au chemin de fer reliant la Chine, le Kazakhstan, le Turkménistan et l'Iran en avril 2019. En octobre, le Turkménistan et la Chine ont inauguré une route du potassium au départ de la ville de Kelif (région de Lebap) à destination du port de Qingdao (province du Shandong).

[257] 2011 : 1 000 conteneurs ; 2016 : 105 000 ; 2017 : 200 000. Thierry KELLNER, « La Chine et l'Asie centrale en 2017 : une nouvelle étape de l'essor chinois en Eurasie ? », Note d'actualité n°24/24 de l'Observatoire de la Chine, janvier 2018, p. 11, disponible à l'adresse suivante : https://centreasia.eu/wp-content/uploads/2018/06/24-Kellner-ChineAsie-Centrale_Mars2018.pdf

[258] Il est vrai que la compatibilité entre, d'un côté, une plateforme de coopération commerciale mobilisant des dizaines d'États dans le secteur des transports multimodaux, et, de l'autre, une organisation régionale ultra-réglementée et protectionniste, ne saute franchement pas aux yeux. Se reporter au « Tableau comparatif de l'UEEA et des Nouvelles Routes de la Soie : objet, nature, finalités, projection », dans l'article de Mathieu BOULÈGUE,

« Centrale », « intérieure », la frange du continent asiatique à laquelle nous consacrons notre propos s'est aussi vu qualifier de « médiane » ou de « moyenne »[259]. Doter cette région d'infrastructures modernes, l'engager sur la voie de la diversification économique et l'ouvrir à de nouveaux partenariats sont porteurs de notables perspectives de développement. Ses États devront saisir la balle au bond, tout en veillant à ne pas s'enfermer dans une relation trop exclusive avec la Chine. Le Turkménistan a rapidement ressenti les effets néfastes de cette situation à travers la vente monopolistique de son gaz à Pékin. Le Tadjikistan et le Kirghizstan se trouvent quant à eux fortement endettés auprès de la Banque d'exportation et d'importation de Chine (Eximbank), qui détient, au 1er juillet 2020, des créances de 1,1 milliard de dollars sur Douchanbé (soit près de 30 % de sa dette extérieure) et de 1,7 milliard de dollars sur Bichkek (43 %)[260]. De plus, les *leaders* centrasiatiques seraient bien inspirés de faire enfin émerger une authentique solidarité régionale. L'aplanissement des éléments de crispation, à l'instar des diversités ethno-linguistiques et des revendications territoriales[261], de même que la mise en place de politiques communes en matière d'eau et d'énergie, problématiques qui se font souvent écho en Asie centrale, sont à ce prix. En la matière, Chavkat Mirzioïev montre la voie depuis son élection à la tête de l'Ouzbékistan,

---

« La "lune de miel" sino-russe face à l'(incompatible) interaction entre l'Union Économique Eurasienne et la "Belt & Road Initiative" », Diploweb, 15 octobre 2017. https://www.diploweb.com/La-lune-de-miel-sino-russe-face-a-l-incompatible-interaction-entre-l-Union-Economique-Eurasienne-et.html

[259] Concept de *Sredniaïa Azia* employé à l'époque soviétique. Isabella DAMIANI, *Géopolitique de l'Asie centrale. Entre Europe et Chine : le cœur de l'Eurasie*, PUF, Paris, 2013, p. 14.

[260] https://www.ritmeurasia.org/news--2020-08-06--kitaj-otsrochil-tadzhikistanu-vyplatu-dolga-v-40-millionov-dollarov-50293 ; https://rus.azattyk.org/a/30791893.html

[261] Les Tadjiks n'ont toujours pas fait leur deuil de Samarcande et Boukhara, villes de culture persane que Staline légua à l'Ouzbékistan du temps de l'Union soviétique.

se déclarant favorable au développement de l'hydro-électricité au Kirghizstan et au Tadjikistan – un tabou sous son prédécesseur ! –, et parvenant à réunir ses quatre confrères, à l'occasion du deuxième Sommet consultatif des chefs d'État d'Asie centrale, organisé à Tachkent le 29 novembre 2019[262].

La diplomatie ouzbékistanaise est également à pied d'œuvre pour coordonner l'action centrasiatique lorsque l'épidémie de COVID-19 s'abat sur la région : échanges téléphoniques avec la « double présidence » kazakhstanaise (Tokaïev les 18 et 27 mars 2020, Nazarbaïev le 20) et avec la présidence kirghizstanaise (le 27 mars) ; envoi de trains chargés de fret humanitaire au Kirghizstan et au Tadjikistan (fin mars-début avril)[263]. Cet élan de solidarité englobe même l'Afghanistan, mais pas le Turkménistan, toujours officiellement immaculé (au 1er septembre 2020), quand le reste de l'Asie centrale recense 226 131 cas de contamination au coronavirus[264]. Le « miracle turkménistanais » que pourraient, dans l'absolu, accréditer la faible densité de population et l'autarcie consubstantielles à ce pays, mais que dément la proximité du foyer de contamination iranien, n'est pas sans rappeler l'art de la non-information dans lequel l'URSS excella durant les catastrophes sanitaires qui émaillèrent son histoire (essais nucléaires au Kazakhstan, gestion des événements de Tchernobyl). Le Tadjikistan s'est lui aussi réapproprié ce vieux réflexe au commencement de la crise du coronavirus avant de se résoudre à déclarer ses premiers cas le

---

[262] Le président Berdymoukhamedov avait manqué à l'appel lors de la précédente édition, tenue le 15 mars 2018 à Astana (Nour-Soultan).

[263] Partis des régions d'Andijan, de Fergana, de Sourkhan-Daria et de Tachkent, ces convois permettent l'acheminement de denrées alimentaires, caméras thermiques, respirateurs et équipements de protection individuelle contre le virus (masques, gants, lunettes, gels hydro-alcooliques, blouses médicales). https://central.asia-news.com/ru/articles/cnmi_ca/features/2020/04/09/feature-02 ; https://www.gazeta.uz/ru/2020/04/09/tj-aid/

[264] 131 596 au Kazakhstan (pour 1 886 décès), 43 958 au Kirghizstan (1 060 décès), 41 994 en Ouzbékistan (322 décès) et 8 583 au Tadjikistan (68 décès). https://interfax.az/view/812106

30 avril 2020. En dépit des très louables initiatives ouzbékistanaises, le constat de départ reste donc de mise : les dissensions règnent en Asie centrale.

La crise du coronavirus a d'ores et déjà eu de multiples conséquences au sein des pays centrasiatiques. Le Tadjikistan, le Kirghizstan et l'Ouzbékistan n'ont pas tardé à ressentir le manque à gagner entraîné par la coupure des corridors migratoires menant à la Russie[265]. Et que dire du Kazakhstan et du Turkménistan, frappés de plein fouet par l'effondrement du prix des matières premières[266] ? Le confinement de la moitié de l'humanité, qui a atrophié la demande mondiale, a fait dévisser les cours de l'or noir, par ailleurs mis à mal par la « guerre des prix du pétrole » opposant la Russie à l'Arabie saoudite[267].

---

[265] Les chiffres publiés par la Banque centrale de Russie pour le premier trimestre 2020 font état d'une baisse des remises de fonds de 22,3 % pour le Tadjikistan, de 20,9 % pour le Kirghizstan et de 7,2 % pour l'Ouzbékistan par rapport au premier trimestre 2019. http://www.cbr.ru/statistics/macro_itm/tg/

[266] Par exemple, au Kazakhstan, le président Tokaïev a annoncé une contraction de 1,8 % du PIB au premier semestre 2020, alors que le FMI prévoit une explosion de l'inflation (+6,9 %) et du chômage (de 4,8 à 7,8 %) sur l'ensemble de l'année. https://lenta.inform.kz/ru/kasym-zhomart-tokaev-otkryl-rasshirennoe-zasedanie-pravitel-stva_a3671184 ; https://cabar.asia/ru/kak-budet-vosstanavlivat-ekonomika-kazahstana-posle-koronavirusa/

[267] Moscou et Riyad s'engagent dans un bras de fer à la suite de l'échec des négociations qui se tiennent au siège de l'OPEP à Vienne, le 6 mars 2020. Aux coupes de production proposées par son homologue saoudien Abdel Aziz ben Salmane pour soutenir le prix du pétrole, le ministre russe de l'Énergie Alexandre Novak oppose son refus, exigeant que les États-Unis participent à cet effort de réduction de l'offre. Le surlendemain, Saudi Aramco, le géant saoudien du pétrole, annonce son intention d'augmenter sa production quotidienne et de brader son or noir dès le mois d'avril, en vue d'inonder le marché mondial. Conséquence : le brut enregistre sa plus forte décrue depuis l'invasion du Koweït par l'Irak en 1991. C'est finalement le 12 avril que, sur pression américaine, la Russie, les États membres de l'OPEP menés par l'Arabie saoudite ainsi que neuf autres pays pétroliers (« OPEP+ ») s'accordent à réduire, en mai et en juin, leur production à 9,7 millions de barils par jour (mbj), représentant 10 % de la consommation mondiale hors

Fin avril 2020, le baril de Brent (référence européenne, voire mondiale) s'échange à moins de 20 dollars, cependant que le West Texas Intermediate (référence américaine) enregistre pour la première fois de son histoire une valeur négative, à -37,63 dollars le baril[268]. Le cours du gaz naturel plonge lui aussi dans l'abîme, plafonnant à 1,87 dollar par million de BTU (British Thermal Unit), alors qu'il oscillait autour de 2,57 dollars par million de BTU en 2019[269]. En marge de ces tendances baissières, l'uranium connaît cependant une progression record. La réduction drastique des activités de production au Kazakhstan a en effet concouru à raréfier l'offre mondiale d'uranium, renchérissant le prix de la ressource dans un contexte de stabilité de la demande – contrairement aux voitures et aux avions, les centrales continuent de fonctionner en période de confinement : 34 dollars la livre en mai, soit 40 % de mieux que sa valeur de la mi-mars[270]. L'évolution est somme toute notable pour un secteur qui a durablement pâti de l'accident nucléaire survenu à Fukushima au printemps 2011…

Toute crise connaissant un dénouement, et c'est heureux, le temps de l'après-COVID-19 viendra nécessairement en Asie centrale. Se poser la question du devenir de cette région une fois l'orage passé invite, comme souvent dans son histoire, à s'interroger sur les intentions de ses puissants voisins.

En Chine, l'essoufflement de l'économie et la fermeture des frontières terrestres occasionnés par la crise sanitaire ont bouleversé le rythme des échanges avec les pays d'Asie centrale. Au

---

crise du coronavirus. Le 6 juin, l'accord de l'OPEP+ est reconduit pour une durée d'un mois.

[268] https://www.novethic.fr/actualite/energie/energies-fossiles/isr-rse/en-raison-de-la-crise-du-coronavirus-le-petrole-s-echange-a-moins-de-zero-dollar-aux-etats-unis-148467.html

[269] https://time.com/5831005/coronavirus-plastic-industry/

[270] https://www.capital.fr/entreprises-marches/poussee-de-fievre-pour-luranium-1369504?amp

cours des sept premiers mois de l'année 2020, les importations chinoises ont chuté de 25 à 30 % en provenance du Kirghizstan, du Tadjikistan et du Turkménistan, de 47 % en provenance d'Ouzbékistan, par rapport à la même période prise sur l'année précédente[271]. Les exportations chinoises ont décliné vers l'Ouzbékistan (-2,6 %), le Kazakhstan (-13,5 %), le Tadjikistan (-29,9 %) et surtout le Kirghizstan (-45,5 %). Ce dernier pays, dont le tiers des produits importés provient de Chine, se trouve rapidement exposé à des conséquences désastreuses : dès la mi-mars, les marchés de la capitale Bichkek se vident[272], et les autorités douanières accusent un manque à gagner de 30 millions de dollars[273]. La situation économique du Kirghizstan est à ce point préoccupante que le Fonds monétaire international lui alloue son premier plan d'aide d'urgence anti-COVID-19, débloqué à hauteur de 120 millions de dollars, le 26 mars[274].

Dans ce contexte, la question de l'annulation des prêts massifs octroyés par la Chine pour le financement de projets intéressant les Nouvelles Routes de la Soie ne tarde pas à se poser. Cette hypothèse est surtout évoquée pour des pays tels que le Pakistan et le Sri Lanka[275], même si rien n'interdit de croire que les États d'Asie centrale puissent eux aussi sentir le

[271] Chiffres publiés par l'Administration générale des douanes de la République populaire de Chine pour les exportations et importations réalisées entre janvier et juillet 2020 : http://english.customs.gov.cn/Statics/f685730f-74c3-47a1-83d6-ba2969cf2f7a.html. Avec un rythme positif (+14,4 % des importations chinoises), le Kazakhstan fait ici figure d'exception. La Chine profite de la baisse du cours des matières premières pour se porter acquéreur des richesses pétrolières, minières et métallurgiques kazakhstanaises à moindres coûts. La ville-frontière de Khorgos facilite aussi les échanges dans le contexte de la pandémie (cf. note 251, p. 120).

[272] https://kaktus.media/doc/407898_na_kitayskih_rynkah_bishkeka_ypala_torgovlia_i_zakanchivautsia_zapasy_foto_i_video.html

[273] https://inosmi.ru/amp/economic/20200406/247203194.html

[274] https://www.novastan.org/fr/kirghizstan/coronavirus-le-kirghizstan-recoit-un-plan-daide-durgence-du-fmi/

[275] https://www.cnbc.com/2020/05/11/belt-and-road-china-may-have-to-write-off-loans-as-countries-struggle-to-pay.html

vent du boulet. Un énième coup dur qui aurait de quoi attiser des relents de sinophobie déjà bien ancrés dans la région…

Or, Pékin ne peut se permettre de s'aliéner l'Asie centrale, élément indissociable des Nouvelles Routes de la Soie dont l'inscription dans les Statuts du Parti communiste chinois, lors de son dix-neuvième congrès réuni le 24 octobre 2017, témoigne de l'importance qu'on leur accorde en haut lieu. Aussi, la Chine occupe le terrain. Invoquant le concept de « Routes de la Soie sanitaires », elle ne manque pas de communiquer sur ses envois de matériels et de personnels médicaux à destination des pays centrasiatiques, à l'instar d'une délégation de médecins dépêchée à Tachkent le 26 mars par la province du Jiangxi[276]. En filigrane, elle maintient un réel activisme économique dans la région, où ses investisseurs multiplient les annonces[277] et affrètent des charters d'ouvriers pour relancer les chantiers gelés par le coronavirus[278]. On y verra un signe rassurant pour les travailleurs centrasiatiques que la fermeture des frontières russes promet au chômage tout autant qu'une illustration de

[276] https://inosmi.ru/amp/economic/20200406/247203194.html

[277] Au Kazakhstan, création d'une usine spécialisée dans la fabrication d'oléoducs et de gazoducs par CNPC et KazMounaïGaz ; au Kirghizstan, inauguration d'un corridor de transport multimodal « Chine – Kirghizstan – Ouzbékistan » par China Railway Express ; en Ouzbékistan, octroi d'une ligne de crédit de 100 millions de dollars à la Banque nationale d'industrie et de construction (Ouzpromstroïbank) par la Banque industrielle et commerciale de Chine (ICBC) ; au Tadjikistan, création d'une société chargée de réhabiliter la centrale hydro-électrique de Norak par Power China et Barqi Tojik. Par ailleurs, la Chine réactive ses échanges avec le Turkménistan (+40 % entre janvier et juillet 2020 par rapport à la même période prise sur l'année précédente), qui lui apporte, par la voix de son ministre des Affaires étrangères Rachid Meredov, son soutien face aux accusations de persécution contre la communauté ouïghoure au Xinjiang et face aux critiques pour avoir imposé la loi martiale à Hong Kong.

[278] Ainsi de Huaxin Cement avec une cimenterie de 150 millions de dollars à Djizak, en Ouzbékistan, ou encore de China Road and Bridge avec la construction de l'autoroute Nord – Sud au Kirghizstan (un projet financé à hauteur d'un milliard de dollars par Eximbank).

l'opportunisme de Pékin, qui profite du réajustement des priorités de Moscou pour poursuivre sa politique d'investissement en Asie centrale.

La Russie a effectivement fort à faire de son côté, entre les crises qui secouent son étranger proche – Biélorussie[279] et Caucase[280] – et, surtout, la gestion des conséquences de la pandémie sur la scène nationale, où les enseignements sont nombreux.

---

[279] Président de la République de Biélorussie depuis 1994, Alexandre Loukachenko est largement réélu le 9 août 2020, au terme d'un scrutin entaché de fraudes massives. S'en suit une vague de contestations inédite, avec des manifestations hebdomadaires organisées à travers les principales villes du pays, à commencer par la capitale Minsk. Le « dernier dictateur d'Europe », qui avait adopté une posture agressive envers la Russie durant la campagne électorale, mise ouvertement sur la menace d'un effet domino – « Si la Biélorussie tombe, la Russie sera la prochaine sur la liste », prévient-il le 8 septembre – pour s'attirer le soutien de Moscou, nécessaire pour surmonter cette crise. Le 27 août, la Russie annonce la constitution, à la demande de son allié militaire (OTSC) et partenaire économique (UEEA), d'une « réserve limitée de membres des structures de force [...] qui sera mobilisée si la situation échappe à tout contrôle ». Entretien accordé par Vladimir Poutine à la chaîne de télévision Rossia-24 depuis la résidence présidentielle de Novo-Ogariovo (région de Moscou), consultable à l'adresse suivante : http://www.kremlin.ru/events/president/news/63951/videos

[280] L'offensive militaire lancée par l'Azerbaïdjan le 27 septembre 2020 contre Stepanakert ravive le conflit gelé avec l'Arménie au sujet du Haut-Karabakh. Les velléités séparatistes de cette région montagneuse de 11 433 km^2 située dans l'ouest du territoire azerbaïdjanais, mais majoritairement peuplée d'Arméniens, opposent régulièrement Bakou et Erevan depuis 1991. Une première série d'affrontements d'une rare violence avait même éclaté dès 1988. Le 10 décembre 1991, le Haut-Karabakh profite de la déliquescence de l'URSS pour proclamer son indépendance (« République d'Artsakh »), qui lui vaut un nouveau cycle d'hostilités avec l'Azerbaïdjan. Le cessez-le-feu signé à Moscou le 16 mai 1994 sous l'égide du « Groupe de Minsk » (médiation russo-américano-française) met un terme à la Guerre du Haut-Karabakh (bilan : 30 000 morts et des centaines de milliers de réfugiés) et entérine la victoire arménienne. Malgré tout, les escarmouches frontalières se poursuivent : la Guerre des Quatre Jours (2-5 avril 2016), qui tourne à l'avantage de l'Azerbaïdjan, et donc, ce récent regain de tension, traduisent une situation précaire qui s'apaise le 9 novembre 2020 avec la signature par l'Arménie et l'Azerbaïdjan d'un accord de cessez-le-feu sous l'égide de la Russie, par

Le 11 mai, l'allocution télévisée de Vladimir Poutine pour annoncer l'expiration, dès le lendemain, de la « période chômée » (*nerabotchie dni*) entamée fin mars sème le trouble, alors même que le nombre de cas d'infection grimpe en flèche dans le pays[281]. Dans le même temps, le maire de Moscou Sergueï Sobianine maintient jusqu'au 31 mai le confinement de la capitale, principal moteur économique et épicentre de la maladie, avant de prolonger la mesure jusqu'au 9 juin. D'autres chefs d'exécutif locaux optent pour un confinement strict, à contre-courant du cap fixé par le Centre fédéral : ainsi du maire de Saint-Pétersbourg, des présidents des Républiques ciscaucasiennes (Adyguée exceptée), des gouverneurs des territoires de l'Altaï et du Primorié, et des régions d'Arkhangelsk, Astrakhan, Iaroslavl, Koursk, Moscou, Nijni-Novgorod et Tcheliabinsk[282]. Ce confinement à la carte entraîne une inédite mise en sourdine de la « Verticale du pouvoir » (*Vertikal vlasti*), ciment du poutinisme depuis le début des années 2000[283].

---

ailleurs très attentive à l'évolution de cette crise pour deux raisons principales. D'une part, elle entretient de bonnes relations avec les deux belligérants (plus particulièrement l'Arménie, OTSC et UEEA obligent). D'autre part, elle souhaite garder le contrôle sur une région qui peut lui faire concurrence en Europe dans la vente d'hydrocarbures (azerbaïdjanais et centrasiatiques) et dans laquelle elle exploite plusieurs bases militaires : la 102e Base militaire russe à Erevan et Guioumri (Arménie), la 7e Base militaire russe à Goudaouta (République auto-proclamée d'Abkhazie) et la 4e Base militaire de la Garde à Djava et Tskhinvali (République auto-proclamée d'Ossétie du Sud). À cet égard, l'accord du 9 novembre 2020 sera une occasion supplémentaire d'asseoir sa présence militaire, Moscou s'engageant notamment à déployer 1 960 soldats de la paix le long du corridor de Latchine reliant l'Arménie au Haut-Karabakh.

[281] Nombre de cas déclarés en Russie au 1er mai 2020 : 114 431 ; au 31 mai : 405 843. https://www.coronavirus-statistiques.com/stats-pays/coronavirus-nombre-de-cas-russie/

[282] https://www.vedomosti.ru/society/articles/2020/05/14/830278-vihodit-karantina

[283] Exposé par Vladimir Poutine lors de sa première « adresse à l'Assemblée fédérale » le 8 juillet 2000, ce concept vise une reprise en main des régions par le pouvoir central. La loi fédérale du 11 décembre 2004, qui supprime

Sur le plan économique, l'effondrement des cours mondiaux des matières premières résultant de la situation sanitaire vient rappeler la vulnérabilité de la Russie dans ce domaine[284], en dépit des très nombreuses mesures prises pour accroître ses capacités de résilience face aux chocs extérieurs[285]. Les autorités, qui basent leurs prévisions budgétaires sur un baril à 42,5 dollars, seront vraisemblablement contraintes de revoir leur copie sous l'effet du coronavirus. Un vent d'austérité soufflera à n'en pas douter sur les « Projets nationaux » (*Natsionalnye proïekty*), programme d'investissements publics avoisinant 400 milliards d'euros qui avait été présenté par Vladimir Poutine au lendemain de sa reconduction au Kremlin en 2018 aux fins de doper la croissance (+4 % annuels) et moderniser des pans entiers de l'économie nationale. Initialement fixée à 2024[286], l'échéance pour la réalisation des Projets nationaux a d'ores et

---

l'élection au suffrage universel direct des gouverneurs de région, désormais nommés par le président ou par ses représentants plénipotentiaires dans les districts fédéraux, s'inscrit dans cette logique. Voir également l'article publié par Benoît VITKINE dans *Le Monde* du 28 mai 2020 : « En Russie, l'étoile pâlie du pouvoir face au coronavirus ». https://www.lemonde.fr/international/article/2020/05/28/en-russie-l-etoile-palie-du-pouvoir-face-au-coronavirus_6040979_3210.html

[284] La rente pétro-gazière est à l'origine de 39 % des revenus de l'État russe en 2019, à en croire le Rapport de suivi budgétaire publié par le ministère fédéral des Finances : https://minfin.gov.ru/ru/statistics/fedbud/execute/?id_65=80041-yezhegodnaya_informatsiya_ob_ispolnenii_federalnogo_byudzhetadannye_s_1_yanvarya_2006_g.#

[285] Consolidation des réserves de change (plus de 560 milliards de dollars au 1er mai 2020) ; dédollarisation par l'accroissement des réserves de change détenues dans les devises des BRICS ; activation d'un réseau russe de cartes bancaires (Mir) ; lancement d'une ambitieuse politique de substitution aux importations (*importozamechtchenie*), avec des succès remarqués dans l'industrie agro-alimentaire. Dans l'intervalle, la Russie s'acquitte de ses dernières dettes héritées de l'Union soviétique (versement de 125,2 millions de dollars à la Bosnie-Herzégovine au cours de l'été 2017).

[286] Décret présidentiel n°204 en date du 7 mai 2018 « Sur les objectifs nationaux et les missions stratégiques pour le développement de la Fédération de Russie jusqu'en 2024 ». http://kremlin.ru/events/president/news/57425

déjà été repoussée à 2030, et le gouvernement s'est vu intimer l'ordre de soumettre au Conseil près le président de la Fédération de Russie pour le développement stratégique et les Projets nationaux ses propositions de correctifs budgétaires avant le 30 octobre 2020[287]. En attendant, pour financer l'augmentation des dépenses de santé en 2020, l'agence de notation russe Expert RA table sur une ponction de 25 % des subventions allouées au pilier « Coopération internationale et Exportations » (55,875 milliards de roubles, contre 74,5 milliards annoncés par le ministère des Finances fin 2019), et de 10 % de celles prévues pour le volet « Petites et moyennes entreprises et Soutien à l'auto-entrepreneuriat » (44,91 milliards de roubles, contre 49,9 milliards)[288]. Un plan de relance peu ambitieux[289], un taux de chômage record[290] et le spectre de la récession agité par la gouverneure de la Banque centrale de Russie Elvira Nabioullina[291] achèvent de convaincre, s'il en était encore besoin, de la gravité de la situation.

Le coronavirus survient en Russie dans un contexte très particulier : celui de la préparation de l'après-2024. Censé quitter le Kremlin au terme de son quatrième mandat, Vladimir Poutine

---

[287] Décret présidentiel n°474 en date du 21 juillet 2020 « Sur les objectifs nationaux pour le développement de la Fédération de Russie jusqu'en 2030 ». http://kremlin.ru/events/president/news/63728

[288] "Natsionalnye proïekty: ojidania, rezoultaty, perspektivy" [« Projets nationaux : attentes, résultats, perspectives »], publié le 28 juillet 2020. Consulter la page 17 du rapport, disponible à l'adresse suivante : https://www.raexpert.ru/researches/national_project_2020

[289] Présenté par Mikhaïl Michoustine à Vladimir Poutine le 2 juin 2020, le plan de sauvetage de l'économie russe totalise 5 000 milliards de roubles (soit environ 65 milliards d'euros). À titre de comparaison, la France et l'Allemagne débloquent respectivement 100 et 130 milliards d'euros, sans oublier le gigantesque plan de relance américain de 2 000 milliards de dollars (*CARES Act*).

[290] En juillet 2020, la Russie compte un taux de chômage officiel de 6,3 %, plus mauvais chiffre depuis le mois de mars 2012 (6,5 %). https://www.interfax.ru/business/722603

[291] 3,9 % pour 2020. https://www.vesti.ru/finance/article/2453031

fait adopter le 10 mars 2020 à la Douma d'État un amendement constitutionnel *ad hoc* lui permettant de se maintenir au pouvoir[292]. Le référendum initialement prévu le 22 avril, mais dont la tenue est repoussée au 1er juillet pour cause d'épidémie de COVID-19 en Russie, voit le « oui » l'emporter à près de 78 %. Si le régime actuel semble bien parti pour perdurer au moins jusqu'en 2036 – au prix de certaines évolutions[293] –, tout pourrait ne pas être aussi simple qu'il n'y paraît. Quoique crédité de cotes de confiance qui feraient pâlir de jalousie nombre de ses confrères occidentaux, le président russe voit sa popularité s'effriter continuellement. Six ans après, le charme de l'aventure criméenne semble avoir cessé d'opérer sur une population dont les enquêtes d'opinion montrent que l'amélioration de ses conditions de vie constitue la préoccupation principale.

Une politisation de la crise économique n'est donc pas forcément à exclure d'autant que, passablement échaudés par les scandales de corruption éclaboussant des poids lourds de la politique fédérale[294], les citoyens russes hésitent de moins en

---

[292] L'article 81, alinéa 3 de la Constitution du 12 décembre 1993 limite à deux le nombre de mandats présidentiels consécutifs. La question de la succession de Vladimir Poutine à la présidence de la Fédération de Russie s'était déjà posée en 2008. À l'époque, Dmitri Medvedev avait accédé à la fonction suprême, et nommé Vladimir Poutine Premier ministre. À l'issue de la présidence Medvedev (2008-2012), Vladimir Poutine avait quitté la Maison Blanche pour regagner le Kremlin, et Dmitri Medvedev emprunté le chemin inverse. Pour son retour à la présidence de la Fédération, Vladimir Poutine héritait d'un mandat porté de quatre à six ans (révision constitutionnelle du 30 décembre 2008).

[293] Le 16 janvier 2020, Vladimir Poutine remplace Dmitri Medvedev à la tête du gouvernement par Mikhaïl Michoustine, chargé de porter les réformes allant dans le sens d'un renforcement des pouvoirs du Parlement fédéral.

[294] À l'instar des anciens ministres du Développement économique Alexeï Oulioukaïev (condamné le 15 décembre 2017 à huit ans de colonie pénitentiaire à régime strict pour tentative d'extorsion de 2 millions de dollars lors de la revente à la *holding* Rosneft des actions détenues par l'État dans le groupe pétrolier Bachneft) et du Gouvernement ouvert (*Otkrytoïe pravitelstvo*)

moins à battre le pavé avec des slogans hostiles au pouvoir central. C'est le cas dans le territoire de Khabarovsk, où des milliers de personnes se mobilisent en soutien à Sergueï Fourgal. Celui qui s'est imposé dans cette région de l'Extrême-Orient russe sous la bannière du parti d'opposition LDPR (Parti libéral-démocrate de Russie) en 2018, lors d'élections gouvernatoriales décidément bien délicates pour Russie unie[295], est arrêté le 9 juillet 2020. Il est transféré à Moscou où il devra répondre des accusations d'assassinat en bande organisée d'hommes d'affaires dans le territoire de Khabarovsk et dans la région de l'Amour, entre 2004 et 2005. D'autres manifestations

---

Mikhaïl Abyzov (arrêté par le FSB le 26 mars 2019 et poursuivi par le Comité d'enquête pour avoir transféré, entre 2011 et 2016, la bagatelle de 860 millions de dollars vers des sociétés *offshore* immatriculées à Belize, Chypre, Singapour et dans les Îles britanniques).

[295] Les élections gouvernatoriales organisées en septembre 2018 tournent à la bérézina pour le parti au pouvoir dans quatre régions. Dans le territoire de Khabarovsk et la région de Vladimir, le second tour est fatal aux gouverneurs sortants Viatcheslav Chport et Svetlana Orlova, balayés par les candidats du LDPR Sergueï Fourgal (qui réunit 69 % des voix contre 28 %) et Vladimir Sipiaguine (57 % contre 37 %). En République de Khakassie, le président-candidat Viktor Zimine est même contraint de se désister, laissant le champ libre à Valentin Konovalov (Parti communiste de Russie, KPRF), qui recueille la majorité absolue des suffrages exprimés au second tour (57 %). Enfin, pour mettre un terme à la confusion qui règne dans le territoire du Primorié – où la Commission électorale centrale invalide les résultats enregistrés au second tour entre le gouverneur sortant Andreï Tarassenko et son rival communiste Andreï Ichtchenko –, Vladimir Poutine nomme Oleg Kojemiako (Russie unie), qui dirige alors la région voisine de Sakhaline. Depuis le rétablissement de l'élection des gouverneurs le 1er juin 2012, seule une région avait échappé au Kremlin : celle d'Irkoutsk, où Sergueï Levtchenko (KPRF) avait pris le meilleur sur Sergueï Erochtchenko (candidat indépendant), avec 56 % des voix contre 41 % au second tour organisé le 27 septembre 2015. Les dernières élections régionales, qui se tiennent le 13 septembre 2020, se déroulent sans encombre pour le Kremlin, dont les candidats s'imposent tous à la tête des exécutifs locaux. La victoire de deux partisans d'Alexeï Navalny, aux élections municipales de Novossibirsk (Sergueï Boïko) et de Tomsk (Ksenia Fadeïeva) – où l'opposant avait été empoisonné quelques semaines auparavant (cf. note 299, p. 138) –, est néanmoins à souligner.

de grande ampleur ont secoué le pays ces derniers mois, à l'image des marches de l'été 2019 aux abords de la mairie de Moscou pour protester contre l'invalidation par la Commission électorale centrale d'une soixantaine de candidatures indépendantes à l'élection de la Douma municipale organisée le 8 août, ou encore de la mobilisation en réaction à la réforme des retraites jusqu'à son adoption à l'automne 2018. L'été 2017 avait été émaillé de rassemblements hostiles à l'implantation d'usines d'incinération des déchets dans plusieurs villes de la région de Moscou, à Naro-Fominsk, Noguinsk, Solnetchnogorsk et Voskressensk, avant que la tension ne monte d'un cran en mars 2018 dans la ville voisine de Volokolamsk[296], puis en fin d'année à Arkhangelsk[297]. Signe des temps, l'Église orthodoxe de Russie, alliée indéfectible du régime bâti par Vladimir Poutine depuis 2000, se retrouve parfois elle-même sous le feu des critiques, tel qu'à Saint-Pétersbourg entre 2017 et 2019, pour protester contre le transfert de la cathédrale-musée Saint-Isaac sous la tutelle du patriarcat, ou à Ekaterinbourg en 2018, pour s'opposer à la construction d'une cathédrale Sainte-Catherine dans le jardin public du centre-ville[298], deux dossiers

---

[296] Où l'émission de gaz toxiques par la décharge de Iadrovo entraîne l'hospitalisation d'urgence de soixante-seize enfants.

[297] Où le gouverneur Igor Orlov traite de « raclures » les manifestants hostiles à la création d'une décharge pour le traitement des ordures moscovites à Chiess. Sur toutes ces questions, se reporter à Anton RAMOV, « Gestion des déchets : la dimension régionale », *in* Arnaud DUBIEN (dir.), *Regards de l'Observatoire franco-russe 2019*, Éditions L'Inventaire, Paris, 2019, pp. 336-339.

[298] Ce projet ne se limitait pas à sa dimension symbolique – l'édification d'un gigantesque lieu de culte là où, un siècle plus tôt, le dernier tsar Nicolas II et toute sa famille (sanctifiés par l'Église orthodoxe de Russie) avaient été exécutés par les Soviétiques. La SARL Sainte-Catherine, société chargée de réaliser les travaux appartenant à deux *holdings* de premier plan, la Compagnie cuivrière russe (*Rousskaïa mednaïa kompania*, RMK) et la Compagnie minière et métallurgique de l'Oural (*Ouralskaïa gorno-metallourguitcheskaïa kompania*, OuGuMK), sollicitait également l'autorisation de construire un centre commercial multifonctions en plein cœur de la quatrième ville du pays.

sur lesquels la société civile finit par l'emporter. Pour autant, l'étau ne se desserre pas autour des figures de l'opposition, à en juger par l'empoisonnement d'Alexeï Navalny[299], le suicide d'Irina Slavina[300], l'agression d'Egor Joukov[301] et la nouvelle

---

[299] Chef du Fonds de lutte anti-corruption (*Fond borby s korrouptsieï*, FBK) et principal opposant à Vladimir Poutine. Il fait un grave malaise à l'aéroport de Tomsk le 20 août 2020, avant d'être exfiltré quelques jours plus tard vers l'Allemagne, où les médecins décèlent dans son organisme des traces de *Novitchok*, un agent innervant mis au point dans les laboratoires de recherche soviétiques qui avait été utilisé le 4 mars 2018 pour empoisonner l'ancien espion russe Sergueï Skripal et sa fille Ioulia émigrés à Salisbury (Royaume-Uni). Alexeï Navalny est arrêté dès son retour en Russie, à l'aéroport international de Cheremetievo, le 17 janvier 2021. Il est condamné à trente jours de détention provisoire dans l'attente d'un procès intenté par le Service fédéral d'application des peines (*Federalnaïa sloujba ispolnenia nakazaniï*, FSIN). Ce dernier lui reproche d'avoir violé son contrôle judiciaire dans le cadre de l'affaire Yves Rocher (accusation de détournement de 300 000 euros) lorsqu'il était en convalescence en Allemagne. Le 2 février, la sentence tombe : Alexeï Navalny écope d'une peine de trois ans et demi de colonie pénitentiaire à régime commun – en réalité, deux ans et huit mois, l'opposant en ayant déjà passé une partie assigné à résidence. Cette décision de justice, qui intervient sur fond de marches contestataires hebdomadaires à travers le pays, ravive les tensions entre la Russie et l'Union européenne. Le 5 février, le jour de la visite en Russie du Haut-Représentant de l'UE pour les Affaires étrangères et la Politique de sécurité Josep Borrell, Moscou expulse des diplomates allemands, polonais et suédois accusés d'avoir participé à des manifestations pro-Navalny.

[300] Rédactrice en chef du site d'information indépendant Koza.Press. Son domicile est perquisitionné le 1er octobre 2020, sous prétexte qu'elle détiendrait des tracts en faveur de Russie ouverte, mouvement pro-démocratie fondé par l'opposant en exil Mikhaïl Khodorkovski (cf. note 303, p. 139). Elle s'immole par le feu le lendemain devant le siège du ministère de l'Intérieur à Nijni-Novgorod.

[301] Blogueur et étudiant en sciences politiques au sein de l'École des hautes études en sciences économiques de Moscou. Ses appels à manifester pour des élections transparentes dans la capitale russe en 2019 lui valent d'être condamné le 6 décembre pour « extrémisme » à trois ans de prison avec sursis. Il est passé à tabac dans la nuit du 30 au 31 août 2020 à Moscou.

condamnation de Iouri Dmitriev[302], quatre noms qui viennent grossir une liste déjà longue de victimes des répressions politiques dans l'histoire récente de ce pays : Mikhaïl Khodorkovski[303], Anna Politkovskaïa[304], Alexandre Litvinenko[305], les Pussy Riot[306], Boris Nemtsov[307], Kirill Serebrennikov[308], ou encore Ivan Golounov[309].

---

[302] Historien spécialiste du goulag et des répressions staliniennes en République de Carélie et directeur de l'antenne locale de l'association russe pour la défense des droits de l'homme Memorial. Il est célèbre pour avoir créé un site mémoriel de la Grande Terreur (1937-1938) à Sandarmokh, où il avait exhumé en 1997 un charnier abritant les restes de milliers de prisonniers politiques exécutés par le Commissariat du peuple aux Affaires intérieures (*Narodny komissariat vnoutrennikh del*, NKVD). Arrêté le 13 décembre 2016 sur une dénonciation anonyme pour pédopornographie (en cause : des photos envoyées à l'organisme de protection de l'enfance en charge du suivi de sa fille adoptive qui souffre d'un handicap), il est incarcéré avant d'être libéré en 2018, puis à nouveau écroué quelques mois plus tard dans l'attente de son jugement, qui survient le 22 juillet 2020. Le tribunal de Petrozavodsk le condamne à trois ans et demi de prison, une peine en grande partie purgée en détention préventive. Le 29 septembre, la Cour suprême de la République de Carélie alourdit la sentence, qui passe à treize ans de colonie pénitentiaire à régime strict, quelques semaines avant la remise en liberté de Iouri Dmitriev. Le pourvoi formé par l'historien contre cette décision est rejeté par la Troisième Cour de cassation de Saint-Pétersbourg le 16 février 2021.

[303] Oligarque le plus puissant de Russie au début des années 2000, qui soutient les partis libéraux lors de la campagne pour l'élection à la Douma d'État le 7 décembre 2003, arrêté le 25 octobre 2003, puis condamné le 31 mai 2005 à neuf ans de colonie pénitentiaire à régime strict en Sibérie pour escroquerie à grande échelle et évasion fiscale. Son entreprise, le géant pétrolier Ioukos, est démembrée et nationalisée. Gracié par Vladimir Poutine le 20 décembre 2013, il s'exile en Europe de l'Ouest. Il vit actuellement à Londres.

[304] Journaliste d'investigation de *Novaïa Gazeta* connue pour avoir couvert la deuxième guerre de Tchétchénie (1999-2009), retrouvée morte dans le hall de son immeuble à Moscou le 7 octobre 2006.

[305] Ancien lieutenant-colonel du FSB qui enquêtait sur le Kremlin, décédé à Londres le 23 novembre 2006 des suites d'un empoisonnement au polonium.

[306] Maria Aliokhina, Ekaterina Samoutsevitch et Nadejda Tolokonnikova, condamnées le 17 août 2012 à deux ans de colonie pénitentiaire à régime strict pour avoir déclamé le 21 février, dans la cathédrale du Christ-Sauveur

En Asie centrale, la Russie veillera à préserver ses acquis dans l'attente de la fin du coronavirus, dont il faut dire qu'il n'a pas conduit, à ce stade, à un anéantissement total des échanges russo-centrasiatiques, si l'on se fie aux chiffres publiés par Rosstat pour le premier semestre 2020[310]. La Russie a certes vu sa balance commerciale diminuer avec le Kazakhstan (-5,3 % par rapport au premier semestre 2019), le Kirghizstan (-12,7 %) et le Tadjikistan (-15,2 %). Mais dans le même temps, ses échanges se sont accrus avec l'Ouzbékistan (+17,8 %), et ont presque triplé avec le Turkménistan (+182,5 %). Le bât blesse en revanche au niveau des investissements[311], où la Russie souffre de la comparaison avec la Chine, même si la présence de Moscou en tant que ville-étape de la Nouvelle Route de la Soie inaugurée pendant l'été 2020 – la ligne ferroviaire « Chine

---

(Moscou), une « prière *punk* » appelant la Vierge Marie à « chasser Poutine » du pouvoir.

[307] Ancien homme d'État très critique envers la Tchétchénie et l'action de la Russie dans le conflit ukrainien, assassiné par balles à quelques mètres du Kremlin le 17 février 2015.

[308] Réalisateur de *Leto* et directeur du théâtre Centre Gogol (Moscou), connu pour sa liberté de ton et ses prises de position en faveur des homosexuels, poursuivi dans deux affaires de détournement de fonds publics. Assigné à résidence du 23 août 2017 au 8 avril 2019, il est relaxé dans la première. Dans la seconde, il est condamné, le 23 juin 2020, à trois ans de prison avec sursis.

[309] Journaliste d'investigation du site indépendant Meduza arrêté le 6 juin 2019 pour détention de drogue, avant d'être relaxé cinq jours plus tard, grâce à une très forte mobilisation populaire (les trois principaux quotidiens nationaux *Kommersant*, *RBK* et *Vedomosti* titrent même : « Je suis, nous sommes Ivan Golounov »).

[310] https://nangs.org/analytics/rosstat-o-sostoyanii-vneshnej-torgovli

[311] En l'absence de nouveaux projets d'envergure en Asie centrale, la seule annonce récente notable concerne la signature, le 19 août 2020, d'un mémorandum pour une coopération économique par le ministre russe de l'Industrie et du Commerce Denis Mantourov et le ministre ouzbékistanais des Investissements et du Commerce extérieur Sardor Oumourzakov. https://minpromtorg.gov.ru/press-centre/news/#!rossiya_i_uzbekistan_podpisali_memorandum_o_torgovoekonomicheskom_sotrudnichestve_i_promyshlennoy_kooperacii

– Europe » au départ de la ville de Tangshan, dans la province du Hebei – lui permet de sauver l'honneur.

Toujours est-il que dans un amusant clin d'œil de l'Histoire, les Nouvelles Routes de la Soie révèlent que la continentalité de l'Asie centrale, si longtemps perçue comme un fardeau, pourrait constituer le fondement même de son renouveau. Conjuguée aux velléités d'expansion économique chinoises, c'est précisément la territorialité de cet immense espace enclavé qui est appelée à en refaire un carrefour international pour les transports et les échanges. Comme si, sept siècles plus tard, le chameau de Bactriane tenait enfin sa revanche sur la caravelle.

ANNEXES

Les États d'Asie centrale en bref

	KAZ	**KIR**	**OUZ**	**TAD**	**TUR**
Superficie (en milliers de km²)	2 717,3	198,5	447,4	143,1	488,1
Population (en millions d'habitants)	18,2	6,5	33,6	9,3	5,8
PIB (en milliards de $)	170,9	8,5	57,9	8,1	40,8
OTSC	Membre	Membre	Non-membre	Membre	Non-membre
OCS	Membre	Membre	Membre	Membre	Non-membre
UEEA	Membre	Membre	Obser-vateur	Candidat	Non-membre

Source : Banque mondiale, 2019 (à l'exception du Turkménistan, pour lequel les chiffres proviennent de l'année 2018).

Liste non exhaustive d'exercices militaires réalisés par l'OTSC en Asie centrale[312]

NOM	DATES	SITES	BUTS	EFFECTIFS
Nerouchimoïe bratstvo-2012	8-17 octobre 2012	Polygones d'Iliïski, Chochkala et Bereg (région d'Almaty, Kazakhstan)	Maintien de la paix, contre-terrorisme	950 soldats 70 véhicules terrestres 35 tanks 4 hélicoptères Mil Mi-17
Poïsk-2016	18-22 avril 2016	Polygone de Liaour (région de Khatlon, Tadjikistan)	Anti-terrorisme	1 500 soldats Avions tactiques et de transport, drones
Vzaïmodeïstvie -2018	10-13 octobre 2018	Polygone d'Edelweiss (région d'Issyk-Koul, Kirghizstan)	Défense de l'intégrité territoriale des États	2 000 soldats 40 avions, hélicoptères et drones

[312] On aurait aussi pu y faire figurer des exercices *Kanal* (lutte contre les trafics de drogue) et *Nelegal* (lutte contre l'immigration clandestine).

Principaux sommets de l'OCS

LIEU	DATES	APPORTS MAJEURS
Astana (Kazakhstan)	5 juillet 2005	Déclaration conjointe pour un retrait des troupes américaines stationnées en Asie centrale Admission de l'Inde, de l'Iran et du Pakistan en qualité d'États observateurs
Shanghai (Chine)	14-15 juin 2006	Déclaration conjointe sur la sécurité de l'information internationale Création d'un Club énergétique et d'un Conseil des Affaires de l'OCS
Bichkek (Kirghizstan)	16 août 2007	Accord de bon voisinage, d'amitié et de coopération sur le long terme
Ekaterinbourg (Russie)	15-16 juin 2009	Convention de lutte contre le terrorisme
Bichkek (Kirghizstan)	12-13 septembre 2013	Soutien apporté à la Russie pour le transfert des armes chimiques syriennes aux organismes de contrôle internationaux Mise en service du Club énergétique de l'OCS
Astana (Kazakhstan)	8-9 juin 2017	Admission de l'Inde et du Pakistan en qualité d'États membres
Bichkek (Kirghizstan)	14-15 juin 2019	Déclaration conjointe sur le nucléaire iranien (les différentes parties doivent respecter leurs obligations respectives) et sur les crises afghane et syrienne (la résolution de ces conflits passera par une reprise du dialogue politique)

Étapes clés de l'évolution institutionnelle de l'UEEA

DATE	ÉVÉNEMENT	CONSÉQUENCES JURIDIQUES
1er janvier 2010	Établissement de l'Union douanière entre la Biélorussie, le Kazakhstan et la Russie, rejoints par l'Arménie et le Kirghizstan en 2015	Mise en place d'un tarif extérieur commun
18 octobre 2011	Signature d'un accord de libre-échange dans le cadre de la CEI entre l'Arménie, la Biélorussie, le Kazakhstan, le Kirghizstan, la Russie, le Tadjikistan et l'Ukraine (qui en sortira)	Levée des barrières non-tarifaires et allègement des barrières tarifaires entre les États membres
1er janvier 2012	Création de l'Espace économique commun entre la Biélorussie, le Kazakhstan et la Russie, rejoints par l'Arménie et le Kirghizstan en 2015	Libre circulation de la main-d'œuvre, des produits, des capitaux et des services
1er janvier 2015	Entrée en vigueur de l'UEEA entre la Biélorussie, le Kazakhstan et la Russie, rejoints dans la foulée par l'Arménie et le Kirghizstan	Harmonisation des politiques économiques

BIBLIOGRAPHIE

Ouvrages

Bayram BALCI, *Renouveau de l'islam en Asie centrale et dans le Caucase*, CNRS Éditions, Paris, 2017, 320 p.

Pierre BIARNÈS, *La Route de la Soie. Une histoire géopolitique*, Ellipses, Paris, 2009, 448 p.

Michel BRUNEAU, *L'Eurasie. Continent, empire, idéologie ou projet*, CNRS Éditions, Paris, 2018, 360 p.

Hélène CARRÈRE D'ENCAUSSE, *L'Empire d'Eurasie. Une histoire de l'Empire russe de 1552 à nos jours*, Fayard, Paris, 2005, 506 p.

Pierre CHUVIN, René LÉTOLLE & Sébastien PEYROUSE, *Histoire de l'Asie centrale contemporaine*, Fayard, Paris, 2008, 378 p.

Isabella DAMIANI, *Géopolitique de l'Asie centrale. Entre Europe et Chine : le cœur de l'Eurasie*, Presses Universitaires de France, Paris, 2013, 170 p.

Michel ELTCHANINOFF, *Dans la tête de Vladimir Poutine*, Solin/Actes Sud, Paris, 2015, 176 p.

Marlène LARUELLE & Sébastien PEYROUSE (dir.), *Éclats d'empires. Asie centrale, Caucase, Afghanistan*, Fayard, Paris, 2013, 440 p.

Arnaud LECLERCQ, *La Russie puissance d'Eurasie. Histoire géopolitique des origines à Poutine*, Ellipses, Paris, 2012, 456 p.

Jacques PIRENNE, *Les grands courants de l'histoire universelle. Tome II : De l'expansion musulmane aux traités de Westphalie*, Éditions de la Baconnière, Neuchâtel, 1946, 648 p.

Mathieu SLAMA, *La guerre des mondes. Réflexions sur la croisade idéologique de Poutine contre l'Occident*, Éditions de Fallois, Paris, 2016, 128 p.

Julien THOREZ (dir.), *Asie centrale. Des indépendances à la mondialisation*, Ellipses, Paris, 2015, 144 p.

Revues papier

Arnaud DUBIEN (dir.), *Regards de l'Observatoire franco-russe 2019*, Éditions L'Inventaire, Paris, 2019, 575 p.

Arnaud DUBIEN (dir.), *Regards de l'Observatoire franco-russe 2017*, Éditions L'Inventaire, Paris, 2017, 644 p.

Michel KORINMAN (dir.), *Chaosland : du Moyen-Orient à l'Asie (du centre) ?*, L'Esprit du Temps, Bègles, 2017, 386 p.

Hélène MÉLAT (dir.), *Circulations, échanges, mixités*, La Revue russe n°54, Institut d'études slaves, Paris, juin 2020, 229 p.

Serge SUR (dir.), *L'Asie centrale. Grand Jeu ou périphérie. Kazakhstan, Kirghizstan, Ouzbékistan, Tadjikistan et Turkménistan*, Questions internationales n°82, La Documentation française, Paris, novembre-décembre 2016, 128 p.

Sources en ligne

Sources généralistes

Azerbaïdjan

[AUTEUR NON CITÉ], “Tchislo zarajeniï COVID-19 v Tsentralnoï Azii prevyssilo 226 tyss.” [« L’Asie centrale recense plus de 226 000 cas d’infection au COVID-19 »], https://interfax.az/view/812106, consulté le 8 septembre 2020.

Biélorussie

[AUTEUR NON CITÉ], “Loukachenko: esli segodnia Belarous roukhnet, sledouïouchtcheï boudet Rossia” [« Loukachenko : si la Biélorussie tombe aujourd’hui, la Russie sera la prochaine »], https://www.belta.by/president/view/lukashenko-esli-segodnja-belarus-ruhnet-sledujuschej-budet-rossija-405975-2020/, consulté le 14 septembre 2020.

Chine

Weizhen TAN, “China under pressure to write off loans as countries struggle to repay debt during coronavirus crisis”, https://www.cnbc.com/2020/05/11/belt-and-road-china-may-have-to-write-off-loans-as-countries-struggle-to-pay.html, consulté le 20 mai 2020.

États-Unis

Zoë SCHLANGER, “Will Coronavirus Be the Death or Salvation of Big Plastic?”, https://time.com/5831005/coronavirus-plastic-industry/, consulté le 9 mai 2020.

Gerry SHIH, “In Central Asia’s forbidding highlands, a quiet newcomer: Chinese troops”, https://www.washingtonpost.com/world/asia_pacific/in-central-asias-forbidding-highlands-a-quiet-newcomer-chinese-troops/2019/02/18/78d4a8d0-1e62

-11e9-a759-2b8541bbbe20_story.html?noredirect=on, consulté le 6 octobre 2019 (lien payant).

France

[AUTEUR NON CITÉ], « L'État islamique diffuse une vidéo où un enfant exécute deux "agents russes" », https://www.francetvinfo.fr/monde/proche-orient/offensive-jihadiste-en-irak/une-video-de-l-etat-islamique-montre-un-enfant-executer-deux-agents-russes_796103.html, consulté le 27 octobre 2019.

[AUTEUR NON CITÉ], « Poussée de fièvre pour l'uranium », https://www.capital.fr/entreprises-marches/poussee-de-fievre-pour-luranium-1369504?amp, consulté le 9 mai 2020.

Nabil BOURASSI, « Russie : le rouble s'enfonce encore, krach à la Bourse de Moscou », https://www.latribune.fr/bourse/devises-forex/20141216tribd709ff9bf/russie-le-rouble-reprend-sa-chute-malgre-l-envolee-du-taux-directeur.html, consulté le 2 novembre 2019.

Ludovic DUPIN, « Crise du coronavirus : le pétrole s'échange à moins de zéro dollar aux États-Unis en raison de l'effondrement de la demande », https://www.novethic.fr/actualite/energie/energies-fossiles/isr-rse/en-raison-de-la-crise-du-coronavirus-le-petrole-s-echange-a-moins-de-zero-dollar-aux-etats-unis-148467.html, consulté le 9 mai 2020.

Benoît VITKINE, « En Russie, l'étoile pâlie du pouvoir face au coronavirus », https://www.lemonde.fr/international/article/2020/05/28/en-russie-l-etoile-palie-du-pouvoir-face-au-coronavirus_6040979_3210.html, consulté le 30 mai 2020 (lien payant).

Hong Kong

Minnie CHAN, "China is helping Afghanistan set up mountain brigade to fight terrorism", https://www.scmp.com/news/chi

na/diplomacy-defence/article/2161745/china-building-training-camp-afghanistan-fight, consulté le 7 octobre 2019.

Kazakhstan

[AUTEUR NON CITÉ], "Kassym-Jomart Tokaïev otkryl raschirennoïe zassedanie Pravitelstva" [« Kassym-Jomart Tokaïev a ouvert la session plénière du gouvernement »], https://lenta.inform.kz/ru/kasym-zhomart-tokaev-otkryl-rasshirennoe-zasedanie-pravitel-stva_a3671184, consulté le 16 septembre 2020.

[AUTEUR NON CITÉ], "Obiom valovogo pritoka inostrannykh investitsiï v Kazakhstan dostig poriadka $350 mlrd." [« Le volume des investissements étrangers au Kazakhstan a atteint la barre des 350 milliards de dollars »], https://www.inform.kz/ru/ob-em-valovogo-pritoka-inostrannyh-investiciy-v-kazahstan-dostig-poryadka-350-mlrd_a3635158, consulté le 11 mai 2020.

[AUTEUR NON CITÉ], "Ouzbekistan devalviroval svoïou valioutou na 92%" [« L'Ouzbékistan a dévalué sa monnaie de 92 % »], https://otyrar.kz/2017/09/uzbekistan-devalvirovall-svoyu-valyutu-na-92/, consulté le 4 novembre 2019.

Vadim ERZIKOV, "Rossia stala osnovnym torgovym partniorom Ouzbekistana" [« La Russie est devenue le principal partenaire commercial de l'Ouzbékistan »], https://kursiv.kz/news/rynki/2020-04/rossiya-stala-osnovnym-torgovym-partnyorom-uzbekistana, consulté le 11 mai 2020.

Mansour MIROVALEV, "Kazakhstan's troubles switching from the Cyrillic to the Latin alphabet", https://www.trtworld.com/magazine/kazakhstan-s-troubles-switching-from-the-cyrillic-to-the-latin-alphabet-23960, consulté le 12 août 2019.

Alexeï NIKONOROV, "Top-10 glavnykh torgovykh partniorov Kazakhstana" [« Les dix principaux partenaires commerciaux du Kazakhstan »], https://inbusiness.kz/ru/news/top-10

-glavnyh-torgovyh-partnerov-kazahstana, consulté le 11 mai 2020.

Aïgoul TOULEKBAÏEVA, "APK: za tchetyre goda eksport selkhozprodouktsii iz RK v Kitaï vyros v dva raza" [« Complexe agro-industriel : en l'espace de quatre ans, le Kazakhstan a doublé ses exportations agricoles vers le marché chinois »], https://inbusiness.kz/ru/news/apk-za-chetyre-goda-eksport-selhozprodukcii-iz-rk-v-kitaj-vyros-v-dva-raza, consulté le 6 octobre 2019.

Kirghizstan

[AUTEUR NON CITÉ], "Atambaïev o rechenii Tourtsii sbit samoliot RF: eto byla gloubotchaïchaïa ochibka" [« Atambaïev au sujet de la décision turque d'abattre l'avion russe : c'était une immense erreur »], https://ru.sputnik.kg/video/20151224/1021160360.html, consulté le 24 septembre 2019.

[AUTEUR NON CITÉ], "IATs "Kabar": Vooroujonnye sily KR. Preobrazovania i ouloutchchenia za 26 let" [« Centre d'information et d'analyses "Kabar" : Les forces armées de la République du Kirghizstan. Évolutions et améliorations sur ces vingt-six dernières années »], http://kabar.kg/news/iatc-kabar-vooruzhennye-sily-kr-preobrazovaniia-i-uluchsheniia-za-26-let/, consulté le 21 septembre 2020.

[AUTEUR NON CITÉ], "Kyrguyzstan poprossil Kitaï iz-za pandemii oblegtchit nagrouzkou po vyplate dolgov" [« Le Kirghizstan a demandé à la Chine d'alléger le poids de la dette en raison de la pandémie »], https://rus.azattyk.org/a/30791893.html, consulté le 8 septembre 2020.

[AUTEUR NON CITÉ], "Na "kitaïskikh" rynkakh Bichkeka oupala torgovlia i zakantchivaïoutsia zapassy" [« Dans les marchés "chinois" de Bichkek, le commerce s'est effondré et les ressources viennent à manquer »], https://kaktus.media/doc/407898_na_kitayskih_rynkah_bishkeka_ypala_torgovlia_

i_zakanchivautsia_zapasy_foto_i_video.html, consulté le 17 mai 2020.

[AUTEUR NON CITÉ], “V etot raz boudet inatche? Proïekty Rossii v Kyrguyzstane, kotorye ne smogli realizovat” [« Cette fois-ci, en ira-t-il autrement ? Ces projets que la Russie n'a pas pu réaliser au Kirghizstan »], https://kaktus.media/doc/389000_v_etot_raz_bydet_inache_proekty_rossii_v_kyrgyzstane_kotorye_ne_smogli_realizovat.html, consulté le 16 août 2019.

Souïounbek CHAMCHIEV, “Samolioty AN-26 peredali Kyrguyzstanou rossiïskie voïennye” [« L'armée russe a transféré des avions de type Antonov An-26 au Kirghizstan »], https://24.kg/obschestvo/59776_samoletyian-26_peredali_kyirgyizstanu_rossiyskie_voennyie/, consulté le 15 août 2019.

Tatiana KOUDRIAVTSEVA, “Pervaïa partia rossiïskoï voïennoï tekhniki pribyla v Kyrguyzstan” [« La première partie des équipements militaires russes a été livrée au Kirghizstan »], https://24.kg/obschestvo/106126_pervaya_partiya_rossiyskoy_voennoy_tehniki_pribyila_vkyirgyizstan/, consulté le 15 août 2019.

Ouzbékistan

[AUTEUR NON CITÉ], “Ouzbekistan otpravil goumanitarnouïou pomochtch Tadjikistanou” [« L'Ouzbékistan a envoyé une aide humanitaire au Tadjikistan »], https://www.gazeta.uz/ru/2020/04/09/tj-aid/, consulté le 8 mai 2020.

Kanat ALTYNBAÏEV, “Strany Tsentralnoï Azii obiedinilis dlia rechitelnoï borby s koronaviroussom” [« Les pays d'Asie centrale se sont unis dans la lutte décisive contre le coronavirus »], https://central.asia-news.com/ru/articles/cnmi_ca/features/2020/04/09/feature-02, consulté le 8 mai 2020.

Pakistan

[AUTEUR NON CITÉ], "China proposes SCO development bank", https://nation.com.pk/23-Oct-2016/china-proposes-sco-development-bank, consulté le 23 août 2019.

Royaume-Uni

Abdoujalil ABDOURASSOULOV, "Central Asians respond to the lure of Islamic State", https://www.bbc.com/news/world-asia-32960340, consulté le 27 octobre 2019.

Russie

[AUTEUR NON CITÉ], "Bezrabotitsa v Rossii v ioulie ostalas maksimalnoï za 8 let" [« En Russie, le taux de chômage a atteint en juillet un niveau record sur ces huit dernières années »], https://www.interfax.ru/business/722603, consulté le 10 septembre 2020.

[AUTEUR NON CITÉ], "Istotchnik: Ouzbekistan zakazal ou Rossii modernizatsiou istrebiteleï MiGu-29" [« Source : l'Ouzbékistan a émis un appel d'offres auprès de la Russie pour la modernisation de son parc d'avions de chasse MiG-29 »], https://ria.ru/20190708/1556297170.html, consulté le 27 août 2019.

[AUTEUR NON CITÉ], "Istotchnik: Ouzbekistan zakoupit v Rossii partiou bronetransportiorov BTR-82A" [« Source : l'Ouzbékistan va faire l'acquisition de plusieurs véhicules de transport de troupes BTR-82A auprès de la Russie »], https://ria.ru/20190708/1556297260.html, consulté le 16 août 2019.

[AUTEUR NON CITÉ], "Kitaï otsrotchil Tadjikistanou vyplatou dolga v 40 millionov dollarov" [« La Chine a accordé un sursis au Tadjikistan pour le recouvrement d'une créance de 40 millions de dollars »], https://www.ritmeurasia.org/news--2020-08-06--kitaj-otsrochil-tadzhikistanu-vyplat

u-dolga-v-40-millionov-dollarov-50293, consulté le 4 septembre 2020.

[AUTEUR NON CITÉ], “Nabioullina: pandemia ostavit dolgosrotchnye posledstvia” [« Nabioullina : la pandémie laissera des traces sur le long terme »], https://www.vesti.ru/finance/article/2453031, consulté le 10 septembre 2020.

[AUTEUR NON CITÉ], “Poutine: "Respoubliki SSSR poloutchili ogromnoïe kolitchestvo rossiïskikh zemel"” [« Poutine : "Les Républiques soviétiques ont reçu beaucoup de terres russes" »], https://www.svoboda.org/a/30682965.html, consulté le 14 juillet 2020.

[AUTEUR NON CITÉ], “Rosatom mogout privletch dlia stroïtelstva AES v Kazakhstane” [« Rosatom pourrait être sollicitée pour la construction d’une centrale nucléaire au Kazakhstan »], https://news.ru/world/rosatom-mogut-privlech-dlya-stroitelstva-aes-v-kazahstane/, consulté le 12 août 2019.

[AUTEUR NON CITÉ], “"Rossoboroneksport" postavit Tourkmenii i Aljirou 150 tankov T-90S” [« Rosoboronexport livrera cent-cinquante tanks T-90 au Turkménistan et à l’Algérie »], https://lenta.ru/news/2012/02/14/t90/, consulté le 17 août 2019.

[AUTEUR NON CITÉ], “Rosstat: "O vnechnieï torgovlie v I polougodii 2020 goda"” [« Rosstat : "Sur le commerce extérieur au cours du premier semestre 2020" »], https://nangs.org/analytics/rosstat-o-sostoyanii-vneshnej-torgovli, consulté le 10 septembre 2020.

[AUTEUR NON CITÉ], “V Kirguizii zagovorili o priznanii rousskogo iazyka inostrannym” [« Au Kirghizstan, on envisage de faire du russe une langue étrangère »], https://lenta.ru/news/2019/01/16/rus/, consulté le 12 septembre 2019.

Sergueï ABACHINE, “"Na rabotou v Rossiou": kolitchestvo migrantov iz Tadjikistana biot rekordy” [« "Je m’en vais chercher du travail en Russie" : le nombre de migrants en provenance du Tadjikistan bat des records »], https://regnum.ru/news/2637107.html, consulté le 16 août 2019.

Elena ALIFIROVA, “Khorochi znak. Pravitelstvo Ouzbekistana odobrilo TEO po kroupnomou proïektou Gazproma i Ouzbekneftegaza” [« Un bon signe. Le gouvernement ouzbékistanais a approuvé l’étude de faisabilité d’un gros projet de Gazprom et d’Ouzbekneftegaz »], https://neftegaz.ru/news/gosreg/454804-khoroshiy-znak-pravitelstvo-uzbekistana-odobrilo-teo-po-krupnomu-proektu-gazproma-i-uzbekneftegaza/, consulté le 16 septembre 2020.

Svetlana BOURMISTROVA, “Rossia pojalovalas na Kazakhstan v Evraziïski soïouz iz-za novogo zapreta” [« La Russie s’est plainte du Kazakhstan auprès de l’Union économique eurasiatique en raison d’une nouvelle interdiction »], https://www.rbc.ru/business/02/09/2020/5f4e3d359a794762f9bf8fab, consulté le 2 septembre 2020.

Ilia LAKSTYGAL, “Rossia peredala Tadjikistanou partiou tiajologo vooroujenia” [« La Russie a transféré des équipements lourds au Tadjikistan »], https://www.rbc.ru/rbcfreenews/5a38b6d99a7947e4ae09b263, consulté le 15 août 2019.

Sergueï LAVROV, “Partniorstvo, ispytannoïe vremenem” [« Un partenariat à l’épreuve du temps »], https://rg.ru/2017/10/04/lavrov-pomoshch-rf-centralnoj-azii-prevysila-6-milliardov-dollarov.html, consulté le 14 novembre 2019.

Elena MOUKHAMETCHINA, “Reguiony ne toropiatsia vykhodit iz karantina” [« Les régions ne se pressent pas pour sortir du confinement »], https://www.vedomosti.ru/society/articles/2020/05/14/830278-vihodit-karantina, consulté le 30 mai 2020.

Noursoultan NAZARBAÏEV, “Evraziïski Soïouz: ot ideïi k istorii boudouchtchego” [« L’Union eurasiatique : d’une idée à l’histoire du futur »], https://iz.ru/news/504908, consulté le 28 août 2019.

Sergueï PETROV, “SMI nazvali sroki postavki vertoliotov Mi-35M v Ouzbekistan” [« Les médias ont précisé les délais de livraison des hélicoptères Mi-35M à l'Ouzbékistan »], https://riafan.ru/1193671-smi-nazvali-sroki-postavki-vertoletov-mi-35m-v-uzbekistan, consulté le 16 août 2019.

Vladimir POUTINE, "Novy integratsionny proïekt dlia Evrazii – boudouchtcheïe, kotoroïe rojdaïetsia segodnia" [« Le nouveau projet d'intégration pour l'Eurasie, c'est un futur qui est déjà en train de naître »], https://iz.ru/news/502761?page=2, consulté le 31 août 2019.

Tadjikistan

[AUTEUR NON CITÉ], "Obiom denejnykh perevodov iz Rossii v strany Tsentralnoï Azii v 2016 godou vyros do $6,980 mlrd." [« Les travailleurs centrasiatiques expatriés en Russie ont transféré 6,98 milliards de dollars vers leur pays d'origine en 2016 »], http://avesta.tj/2017/03/22/obem-denezhnyh-perevodov-iz-rossii-v-strany-tsentralnoj-azii-v-2016-godu-vyros-do-6-980-mlrd/, consulté le 3 novembre 2019.

[AUTEUR NON CITÉ], "Sanktsii protiv Rossii skazalis na kourse roublia v Tadjikistane" [« Les sanctions contre la Russie se sont répercutées sur le cours du rouble au Tadjikistan »], http://avesta.tj/2019/08/15/sanktsii-protiv-rossii-skazalis-na-kurse-rublya-v-tadzhikistane/, consulté le 15 août 2019.

[AUTEUR NON CITÉ], "Sun Lijie: ou KNR i Tsentralnoï Azii za 25 let vyros tovarooborot v 65 raz" [« Sun Lijie : la balance commerciale sino-centrasiatique a augmenté de soixante-cinq fois en l'espace de vingt-cinq ans »], https://tj.sputniknews.ru/radio/20171114/1023883786/knr-tsentralnoy-azii-tovarooborot.html, consulté le 4 octobre 2019.

Turkménistan

[AUTEUR NON CITÉ], "Tourkmenistan natchal priom dokoumentov na vydatchou zagranpasportov bipatridam" [« Le Turkménistan a commencé à traiter des documents en vue de la délivrance de passeports étrangers à ses binationaux »], https://rus.azathabar.com/a/30038501.html, consulté le 16 août 2019.

Sources spécialisées

Biélorussie

[AUTEUR NON CITÉ], “KSOR ODKB: rasstavliaïem aktsenty” [« Les Forces collectives de réaction rapide de l’OTSC : on met les points sur les "i" »], https://www.belvpo.com/4666.html/, consulté le 22 août 2019.

Espagne

[AUTEUR NON CITÉ], “China-made wind turbines travel a long way to boost wind energy in Kazakhstan”, https://www.evwind.es/2020/05/09/china-made-wind-turbines-travel-a-long-way-to-boost-wind-energy-in-kazakhstan/74665, consulté le 4 septembre 2020.

États-Unis

[AUTEUR NON CITÉ], “China Figures Reveal Cheapness of Turkmenistan Gas”, https://eurasianet.org/china-figures-reveal-cheapness-turkmenistan-gas, consulté le 16 août 2019.

Thomas JOSCELYN, “Al Qaeda brigade claims attack on Russian forces in Syria”, https://www.longwarjournal.org/archives/2015/09/al-qaeda-brigade-claims-attack-on-russian-forces.php, consulté le 27 octobre 2019.

Yau TSZ YAN, “Kitaï v Tsentralnoï Azii: fors-major (Eurasianet, SChA)” [« La Chine en Asie centrale : force majeure (Eurasianet, États-Unis) »], https://inosmi.ru/amp/economic/20200406/247203194.html, consulté le 17 mai 2020.

France

[AUTEUR NON CITÉ], Coronavirus (COVID-19) : statistiques, nombre de cas en Russie – Évolution du nombre de cas et de contaminations jour par jour, https://www.coronavirus-statistiques.com/stats-pays/coronavirus-nombre-de-cas-russie/, consulté le 8 septembre 2020.

Venalij AMELIN, « Les recompositions internes dans l'islam de l'oblast d'Orenbourg », https://www.cairn.info/revue-revue-d-etudes-comparatives-est-ouest1-2011-2-page-17.htm, consulté le 29 septembre 2019.

Bayram BALCI, « Union économique eurasienne : vers un retour de Moscou en Asie centrale ? », http://www.sciencespo.fr/ceri/fr/content/union-economique-eurasienne-vers-un-retour-de-moscou-en-asie-centrale, consulté le 27 août 2019.

Maruan BASIC, « Ouzbékistan : et de quatre ! », http://www.sfen.org/rgn/ouzbekistan, consulté le 16 août 2019.

Mathieu BOULÈGUE, « La "lune de miel" sino-russe face à l'(incompatible) interaction entre l'Union Économique Eurasienne et la "Belt & Road Initiative" », https://www.diploweb.com/La-lune-de-miel-sino-russe-face-a-l-incompatible-interaction-entre-l-Union-Economique-Eurasienne-et.html, consulté le 10 novembre 2019.

Alain CARIOU, « L'eau et l'aménagement du territoire en Asie centrale », https://journals.openedition.org/asiecentrale/3080, consulté le 19 août 2019.

Thomas CIBOULET, « L'Asie centrale, cœur historique du monde musulman », https://www.novastan.org/fr/kirghizstan/lasie-centrale-coeur-historique-du-monde-musulman/, consulté le 12 août 2019.

Emma COLLET, « Coronavirus : le Kirghizstan reçoit un plan d'aide d'urgence du FMI », https://www.novastan.org/fr/kirghizstan/coronavirus-le-kirghizstan-recoit-un-plan-daide-durgence-du-fmi/, consulté le 17 mai 2020.

Sylvie CORNOT-GANDOLPHE, "China's Quest for Blue Skies: The Astonishing Transformation of the Domestic Gas

Market", https://www.ifri.org/sites/default/files/atoms/files/cornot-gandolphe_china_domestic_gas_market_2019.pdf, consulté le 5 octobre 2019.

Gabriel ERTLÉ, « L'Iran se rapproche de l'Ouzbékistan », https://www.novastan.org/fr/ouzbekistan/liran-se-rapproche-de-louzbekistan/, consulté le 25 septembre 2019.

Isabelle FACON, « L'Organisation de coopération de Shanghai. Ambitions et intérêts russes », https://www.cairn.info/revue-le-courrier-des-pays-de-l-est-2006-3-page-26.htm#, consulté le 7 octobre 2020.

Arthur FOUCHÈRE, « Malgré la crise, le Kazakhstan multiplie les grands chantiers de développement », https://www.novastan.org/fr/kazakhstan/malgre-la-crise-le-kazakhstan-multiplie-les-grands-chantiers-de-developpement/, consulté le 5 novembre 2019.

Thierry KELLNER, « La Chine et l'Asie centrale en 2017 : une nouvelle étape de l'essor chinois en Eurasie ? », https://centreasia.eu/wp-content/uploads/2018/06/24-Kellner-ChineAsie-Centrale_Mars2018.pdf, consulté le 11 novembre 2019.

Thierry KELLNER, « La Chine, l'Organisation de coopération de Shanghai et les "révolutions colorées" », https://www.cairn.info/revue-herodote-2008-2-page-167.htm#, consulté le 7 octobre 2020.

Michaël LEVYSTONE, « Kirghizstan : les dossiers qui attendent le nouveau président », https://www.novastan.org/fr/kirghizstan/kirghizstan-les-dossiers-qui-attendent-le-nouveau-president/, consulté le 28 août 2019.

Sébastien PEYROUSE, « Les flux migratoires des Russes entre Asie centrale et Russie », http://journals.openedition.org/eps/1945, consulté le 11 septembre 2019.

Mirzokhid RAKHIMOV, "Central Asia in the Context of Western and Russian Interests", https://www.cairn.info/revue-l-europe-en-formation-2015-1-page-140.htm, consulté le 13 octobre 2019.

David TEURTRIE, « L'OTSC : une réaffirmation du *leadership* russe en Eurasie *post*-soviétique ? », http://www.russiegeopolitique.org/images/article_RDN_OTSC_Teurtrie_0717.pdf, consulté le 22 août 2019.

Julien VERCUEIL, « Trajectoires économiques en Asie centrale : entre Union Économique Eurasiatique, crise russe et nouvelles routes de la soie », https://ifeac.hypotheses.org/files/2017/03/Texte_J_Vercueil_Union-Économique-Eurasiatique.pdf, consulté le 26 août 2019.

Kirghizstan

[AUTEUR NON CITÉ], "Chinese rent over 6 thousand hectares of farmland in Tajikistan", https://www.timesca.com/index.php/news/14875-chinese-rent-over-6-thousand-hectares-of-farmland-in-tajikistan, consulté le 6 octobre 2019.

Nourbek BEKMOURZAÏEV, "Polojenie rousskogo iazyka v stranakh Tsentralnoï Azii" [« La situation de la langue russe dans les pays d'Asie centrale »], https://cabar.asia/ru/polozhenie-russkogo-yazyka-v-stranah-tsentralnoj-azii, consulté le 18 septembre 2019.

Assel SOULTAN, "Kak boudet vosstanavlivatsia ekonomika Kazakhstana posle koronaviroussa?" [« Comment l'économie du Kazakhstan se remettra-t-elle du coronavirus ? »], https://cabar.asia/ru/kak-budet-vosstanavlivat-ekonomika-kazahstana-posle-koronavirusa/, consulté le 16 septembre 2020.

Lettonie

[AUTEUR NON CITÉ], "Tourkmenia zakoupit dva rossiïskikh vertoliota Mi-17-1V" [« Le Turkménistan achètera deux hélicoptères militaires russes Mil Mi-17-1V »], http://army.lv/ru/mi-17/356/17568, consulté le 17 août 2019.

Moyen-Orient

[AUTEUR NON CITÉ], "Russian Air Force launches heavy strikes over Idlib", https://www.almasdarnews.com/article/russian-air-force-launches-heavy-strikes-over-idlib/, consulté le 27 octobre 2019.

Russie

[AUTEUR NON CITÉ], ""Gazprom" i "Ouzbekneftegaz" otmetili polojitelnouïou dinamikou razvitia sotroudnitchestva" [« Gazprom et Ouzbekneftegaz ont relevé une dynamique positive dans le développement de leur partenariat »], https://www.gazprom.ru/press/news/2018/may/article432033/, consulté le 16 août 2019.

[AUTEUR NON CITÉ], "Mejdou Astrakhanskoï oblastiou i Tourkmenieï planirouïout otkryt avtoparomnoïe soobchtchenie" [« L'ouverture d'une liaison maritime entre la région d'Astrakhan et le Turkménistan est à l'étude »], https://portnews.ru/news/295276/, consulté le 11 mai 2020.

[AUTEUR NON CITÉ], "O variantakh Tou-95MS" [« Sur les différents modèles de Tupolev Tu-95MS »], https://komariv.livejournal.com/151760.html, consulté le 19 août 2019.

[AUTEUR NON CITÉ], "Ouzbekistan i Kouba poloutchili statous nablioudateleï pri EAES" [« L'Ouzbékistan et Cuba ont reçu le statut d'États observateurs auprès de l'UEEA »], https://ria.ru/amp/20201211/status-1588759710.html, consulté le 12 décembre 2020.

[AUTEUR NON CITÉ], "Ouzbekistan i Rossia v 2018 godou narastili obiom vzaïmnoï torgovli" [« L'Ouzbékistan et la Russie ont augmenté leurs échanges commerciaux en 2018 »], http://mirperemen.net/2019/01/uzbekistan-i-rossiya-v-2018-godu-narastili-obem-vzaimnoj-torgovli/, consulté le 16 août 2019.

[AUTEUR NON CITÉ], "Ouzbekistan zakoupit dessiatki rossiïskikh "Tigrov"" [« L'Ouzbékistan achètera des dizaines de véhicules blindés légers russes de type "Tigre" »], https://topwar.ru/159417-uzbekistan-zakupit-desjatki-rossijskih-tigrov.html?utmsource=yxnews&utm_medium=desktop, consulté le 16 août 2019.

[AUTEUR NON CITÉ], “Podpissan kontrakt na zakoupkou tourkmenskogo gaza” [« Un contrat pour l’achat de gaz turkménistanais a été signé »], https://www.gazprom.ru/press/news/2019/july/article483668/, consulté le 16 août 2019.

[AUTEUR NON CITÉ], “Rossia i Ouzbekistan narachtchivaïout sotroudnitchestvo: tovarooborot vyros na 17%” [« La Russie et l’Ouzbékistan étoffent leur partenariat : leur balance commerciale a augmenté de 17 % »], https://eadaily.com/ru/news/2020/03/10/rossiya-i-uzbekistan-narashchivayut-sotrudnichestvo-tovarooborot-vyros-na-17, consulté le 11 mai 2020.

[AUTEUR NON CITÉ], “Rossiïskie soukhogrouzy "Senator" i "Etim Emine" dostavili v port Tourkmenbachi 46 samosvalov "KamAZ"” [« Les navires russes de transport de marchandises *Senator* et *Etim Emine* ont livré quarante-six camions à benne basculante de la marque KamAZ dans le port de Turkmenbachy »], https://portnews.ru/news/293900/, consulté le 11 mai 2020.

[AUTEUR NON CITÉ], “Tourkmenia koupit ou Rossii chest sistem zalpovogo ognia "Smertch"” [« Le Turkménistan fera l’acquisition auprès de la Russie de six lance-roquettes multiples Smerch »], https://vpk.name/news/17988_turkmeniya_kupit_u_rossii_shest_sistem_zalpovogo_ognya_smerch.html, consulté le 17 août 2019.

[AUTEUR NON CITÉ], “Tsentralno-Aziatski reguion voïdiot v edinouïou sistemou PVO ODKB” [« La région centrasiatique intégrera le système unifié de défense aérienne de l’OTSC »], https://eadaily.com/ru/news/2017/04/19/centralno-aziatskiy-region-voydet-v-edinuyu-sistemu-pvo-odkb, consulté le 22 août 2019.

Galym AGUELEOUOV, “Kitaï-Kazakhstan: Perspektivy vzaïmodeïstvia” [« Chine-Kazakhstan : Perspectives de coopération »], https://www.fergananews.com/articles/9422, consulté le 7 novembre 2019.

Mikhaïl BARABANOV, "Russian Arms Exports to Central Asia", https://bmpd.livejournal.com/3478307.html, consulté le 16 août 2019.

Oksana GONTCHAROVA, "Privletchenie kadrov s TAPOiTch na OAO "Aviastar-SP" pod programmou proïzvodstva samoliotov Il-76MD-90A" [« Le transfert de cadres de l'Association de production aéronautique de Tachkent V. P. Tchkalov (TAPOiTch) vers la SA Aviastar-SP dans le cadre du programme de production d'avions de transport militaire Iliouchine Il-76MD-90A »], https://bmpd.livejournal.com/693302.html, consulté le 14 novembre 2019.

Lilia KARATCHOURINA, "Migratsia v postsovetskikh stranakh" [« Les migrations dans les pays postsoviétiques »], https://russiancouncil.ru/analytics-and-comments/analytics/migratsiya-v-postsovetskikh-stranakh/, consulté le 15 août 2020.

Evgueni SAVKOVITCH, "Pogranitchnoïe ouregoulirovanie na zapade KNR v 1990-2000 gg. (Kazakhstan, Kyrguyzstan, Tadjikistan)" [« Normalisation des conflits frontaliers à l'ouest de la République populaire de Chine dans les années 1990 et 2000 (Kazakhstan, Kirghizstan, Tadjikistan) »], https://cyberleninka.ru/article/n/pogranichnoe-uregulirovanie-na-zapade-knr-v-1990-2000-e-gg-kazahstan-kyrgyzstan-tadzhikistan, consulté le 30 août 2020.

Anton TABAKH, "Natsionalnye proïekty: ojidania, rezoultaty, perspektivy" [« Projets nationaux : attentes, résultats, perspectives »], https://www.raexpert.ru/researches/national_project_2020, consulté le 30 août 2020.

Syrie

[AUTEUR NON CITÉ], "ODKB: Terroristy dlia verbovki v IGuIL jiteleï Tsentralnoï Azii ispolzovali bolee 57 tyss.

saïtov" [« OTSC : Les terroristes ont utilisé plus de 57 000 sites internet pour embrigader des habitants de l'Asie centrale au sein de l'État islamique »], http://sana.sy/ru/?p=49661, consulté le 27 octobre 2019.

Sources institutionnelles

Banque mondiale

Global Knowledge Partnership on Migration and Development (KNOMAD), "Migration and Remittances. Recent Developments and Outlook, April 2019", https://www.knomad.org/sites/default/files/2019-04/MigrationandDevelopmentBrief_31_0.pdf, consulté le 15 août 2019.

Chine

Administration générale des douanes de la République populaire de Chine, "Imports and Exports by Country (Region) of Origin/Destination, 7.2020", http://english.customs.gov.cn/Statics/f685730f-74c3-47a1-83d6-ba2969cf2f7a.html, consulté le 4 septembre 2020.

États-Unis

Département de la Défense, "Military and Security Developments Involving the People's Republic of China 2020. Annual Report to Congress. September 1st, 2020", https://media.defense.gov/2020/Sep/01/2002488689/-1/-1/1/2020-DOD-CHINA-MILITARY-POWER-REPORT-FINAL.PDF, consulté le 1er septembre 2020.

Kazakhstan

Ambassade de la République du Kazakhstan en Fédération de Russie, "Tovarooborot Kazakhstana i Rossii vyros na 6%" [« Le commerce bilatéral entre le Kazakhstan et la Russie a progressé de 6 % »], https://www.kazembassy.ru/rus/press_centr/novosti/?cid=0&rid=3796, consulté le 11 mai 2020.

Organisations régionales

OCS, "SCO Interbank Consortium", http://en.sco-russia.ru/cooperation/20140905/1013179625.html, consulté le 23 août 2019.

OTSC, "Dogovor o kollektivnoï bezopasnosti ot 15 maïa 1992 goda" [« Traité de sécurité collective en date du 15 mai 1992 »], https://odkb-csto.org/documents/documents/dogovor_o_kollektivnoy_bezopasnosti/, consulté le 21 août 2019.

UEEA, Banque eurasiatique de développement, "Osnovnye tendentsii integratsionnogo razvitia Rossii v 2019 g." [« Les principales tendances pour le développement de l'intégration de la Russie en 2019 »], https://eabr.org/analytics/integration-research/cii-reports/osnovnye-tendentsii-integratsionnogo-razvitiya-rossii-v-2019-g/, consulté le 16 septembre 2020.

UEEA, Commission économique eurasiatique, Dynamique, structure et volume des échanges commerciaux réalisés entre les États membres de l'UEEA en 2019, http://www.eurasiancommission.org/ru/act/integr_i_makroec/dep_stat/tradestat/tables/intra/Pages/2019/12.aspx, consulté le 11 mai 2020.

UEEA, Commission économique eurasiatique, "Obiomy vzaïmnoï torgovli gossoudarstv-tchlenov EAES po razdelam i grouppam TN VED EAES" [« Volume des échanges commerciaux entre les États membres de l'UEEA par groupes de marchandises »], http://www.eurasiancommission.org/ru/act/integr_i_makroec/dep_stat/tradestat/tables/intra/Documents/2019/12/I201912_2_1.pdf, consulté le 11 mai 2020.

Ouzbékistan

Commission nationale de la République d'Ouzbékistan pour les statistiques (Goskomstat), "Vnechnetorgovy oborot Respoubliki Ouzbekistan" [« Le commerce extérieur de la

République d'Ouzbékistan »], https://stat.uz/ru/press-tsentr/novosti-komiteta/5277-vneshnetorgovyj-oborot-respubliki-uzbekistan-2, consulté le 16 août 2019.

Russie

Agence fédérale des statistiques publiques (Rosstat), "Rossia v tsifrakh 2017" [« La Russie en chiffres 2017 »], https://www.gks.ru/free_doc/doc_2017/rusfig/rus17.pdf, consulté le 5 octobre 2019.

Agence fédérale du tourisme (Rostourizm), "Vyborotchnaïa statistitcheskaïa informatsia, rasstchitannaïa v sootvetstvii s ofitsialnoï statistitcheskoï metodologuieï otsenki tchisla viezdnykh i vyezdnykh touristskikh poïezdok" [« Information statistique sélective, calculée suivant la méthode statistique officielle pour l'estimation du nombre de flux touristiques entrants et sortants »], https://www.russiatourism.ru/contents/statistika/statisticheskie-pokazateli-vzaimnykh-poezdok-grazhdan-rossiyskoy-federatsii-i-grazhdan-inostrannykh-gosudarstv/vyborochnaya-statisticheskaya-informatsiya-rasschitannaya-v-sootvetstvii-s-ofitsialnoy-statisticheskoy-metodologiey-otsenki-chisla-vezdnykh-i-vyezdnykh-turistskikh-poezdok/, consulté le 11 mai 2020.

Banque centrale de Russie, "Transgranitchnye perevody fizitcheskikh lits (rezidentov i nerezidentov)" [« Les remises de fonds transfrontalières réalisées par des personnes physiques (résidentes et non-résidentes) »], http://www.cbr.ru/statistics/macro_itm/tg/, consulté le 4 septembre 2020.

Ministère fédéral de l'Industrie et du Commerce, "Rossia i Ouzbekistan podpissali memorandoum o torgovo-ekonomitcheskom sotroudnitchestve i promychlennoï kooperatsii" [« La Russie et l'Ouzbékistan ont signé un mémorandum de partenariat commercial et économique et de coopération industrielle »], https://minpromtorg.gov.ru/press-centre/news/#!rossiya_i_uzbekistan_podpisali_memoran

dum_o_torgovoekonomicheskom_sotrudnichestve_i_promyshlennoy_kooperacii, consulté le 16 septembre 2020.

Ministère fédéral des Finances, “Kratkaïa informatsia ob ispolnenii federalnogo bioudjeta” [« Bref rapport d’information sur l’exécution du budget fédéral »], https://minfin.gov.ru/ru/statistics/fedbud/execute/?id_65=80041-yezhegodnaya_informatsiya_ob_ispolnenii_federalnogo_byudzhetadannye_s_1_yanvarya_2006_g.#, consulté le 4 septembre 2020.

Présidence de la Fédération, “Interviou telekanalou "Rossia"” [« Entretien accordé à la chaîne de télévision Rossia »], http://www.kremlin.ru/events/president/news/63951/videos, consulté le 27 août 2020.

Présidence de la Fédération, “Oukaz o natsionalnykh tseliakh razvitia Rossii do 2030 goda” [« Décret sur les objectifs nationaux pour le développement de la Russie jusqu’en 2030 »], http://kremlin.ru/events/president/news/63728, consulté le 1er octobre 2020.

Présidence de la Fédération, “Prezident podpissal Oukaz "O natsionalnykh tseliakh i strateguitcheskikh zadatchakh razvitia Rossiïskoï Federatsii na period do 2024 goda"” [« Le président a signé le Décret "Sur les objectifs nationaux et les missions stratégiques pour le développement de la Fédération de Russie jusqu’en 2024" »], http://kremlin.ru/events/president/news/57425, consulté le 1er octobre 2020.

Présidence de la Fédération, “Statia Prezidenta Rossii Vladimira Poutina "Rossia: novye vostotchnye perspektivy"” [« Article du président russe Vladimir Poutine : "Russie : de nouvelles perspectives orientales" »], http://kremlin.ru/events/president/transcripts/21132, consulté le 4 septembre 2019.

Présidence de la Fédération, “Vserossiïski molodiojny foroum "Seliguer-2014"” [« Forum panrusse de la jeunesse "Seliguer-2014" »], http://kremlin.ru/events/president/news/46507, consulté le 12 août 2019.

Union européenne

Commission européenne, “European Union, Trade in goods with Central Asia 5”, https://webgate.ec.europa.eu/isdb_results/factsheets/region/details_central-asia-5_en.pdf, consulté le 11 mai 2020.

Observatoire européen des drogues et des toxicomanies, « Perspectives sur les drogues. Itinéraires du trafic des opiacés de l’Asie vers l’Europe », https://www.emcdda.europa.eu/system/files/publications/2747/Opioid%20trafficking%20routes_POD2015_FR.pdf, consulté le 16 juillet 2020.

TABLE DES MATIÈRES

Structures éditoriales du groupe L'Harmattan

L'Harmattan Italie
Via degli Artisti, 15
10124 Torino
harmattan.italia@gmail.com

L'Harmattan Hongrie
Kossuth l. u. 14-16.
1053 Budapest
harmattan@harmattan.hu

L'Harmattan Sénégal
10 VDN en face Mermoz
BP 45034 Dakar-Fann
senharmattan@gmail.com

L'Harmattan Cameroun
TSINGA/FECAFOOT
BP 11486 Yaoundé
inkoukam@gmail.com

L'Harmattan Burkina Faso
Achille Somé – tengnule@hotmail.fr

L'Harmattan Guinée
Almamya, rue KA 028 OKB Agency
BP 3470 Conakry
harmattanguinee@yahoo.fr

L'Harmattan RDC
185, avenue Nyangwe
Commune de Lingwala – Kinshasa
matangilamusadila@yahoo.fr

L'Harmattan Congo
67, boulevard Denis-Sassou-N'Guesso
BP 2874 Brazzaville
harmattan.congo@yahoo.fr

L'Harmattan Mali
ACI 2000 - Immeuble Mgr Jean Marie Cisse
Bureau 10
BP 145 Bamako-Mali
mali@harmattan.fr

L'Harmattan Togo
Djidjole – Lomé
Maison Amela
face EPP BATOME
ddamela@aol.com

L'Harmattan Côte d'Ivoire
Résidence Karl – Cité des Arts
Abidjan-Cocody
03 BP 1588 Abidjan
espace_harmattan.ci@hotmail.fr

Nos librairies en France

Librairie internationale
16, rue des Écoles
75005 Paris
librairie.internationale@harmattan.fr
01 40 46 79 11
www.librairieharmattan.com

Librairie des savoirs
21, rue des Écoles
75005 Paris
librairie.sh@harmattan.fr
01 46 34 13 71
www.librairieharmattansh.com

Librairie Le Lucernaire
53, rue Notre-Dame-des-Champs
75006 Paris
librairie@lucernaire.fr
01 42 22 67 13

www.ingramcontent.com/pod-product-compliance
Lightning Source LLC
LaVergne TN
LVHW010431230826
846092LV00009BA/1126

9782343217833